KB125041

이대로 가면 또 진다

이대로 가면 또 진다

제1판 제1쇄 발행일 2014년 4월 19일

글 | 손석춘, 지승호

기획 | 손석춘, 지승호, 책도둑(박정훈, 박정식, 김민호)

디자인 | 이안디자인

펴낸이 | 김은지

펴낸곳 | 철수와영희

등록번호 | 제319-2005-42호

주소 | 서울시 마포구 월드컵로 65, 302호 (망원동, 양경회관)

전화 | (02)332-0815

팩스 | (02)6091-0815

전자우편 | chulsu815@hanmail.net

ISBN 978-89-93463-53-8 03300

철수와영희 출판사는 '어린이' 철수와 영희, '어른' 철수와 영희에게 도움 되는
책을 펴내기 위해 노력하고 있습니다.

이대로 가면 또 진다

– 손석춘과 지승호의 대자보

철수와영희

우리 시대의 대자보를 위하여

안녕들 하신지요?

'안녕하십니까?' 대자보가 얼마 전 유행했습니다. 모두 안녕하지 못하니, 그런 얘기들을 나누면서 서로의 안위라도 확인해보고 싶었겠지요. 예전 보릿고개 시절 '식사하셨습니까?' 하는 말이 인사말이었듯이요.

얼마 전 어머니와 두 딸이 생활고를 비관해서 자살했습니다[1]. 식당 일로 생계를 유지하던 어머니가 몸을 다쳐 일을 못 하게 된 상황에서 한 극단적인 선택이었지요. 현장에 있던 봉투엔 5만 원짜리 열네 장이 들어 있었다고 합니다.

> [1] 2014년 2월 26일, 서울 송파구에 사는 세 모녀가 생활고를 이유로 동반 자살한 사건.

주인아주머니에게 보내는 "죄송합니다. 마지막 집세와 공과금입니다. 정말 죄송합니다"라는 편지와 함께.

마지막 순간까지 다른 사람에게 미안한 마음을 간직하고 있었던 착하디착한 사람들에게 세상은 왜 이렇게 가혹한 걸까요? 사건이 알려지자 여기저기서 구멍 뚫린 복지 정책을 비판하는 목소리가 높습니다. 하지만 곧 수그러들겠지요. 매번 그렇습니다. 이런 사건이 발생하면 정부의 무능력을 개탄하는 사람들도 정작 복지 정책을 확대하자는 정치인이나 정당의 주장은 외면합니다. 나와는 상관없는 일이라고 생각하는 걸까요?

마이클 무어 감독의 〈식코〉를 매우 흥미롭게 봤습니다. 이 영화는 영리 병원과 대기업 의료보험이 국민들의 삶을 얼마나 피폐하게 만들 수 있는지를 적나라하게 보여줍니다. 세계 유일의 강대국 미국 디트로이트 지역의 영아 사망률이 엘살바도르보다 높으며, 무상 의료가 되는 이웃 나라 캐나다보다 평균 수명이 몇 년이나 떨어진다는 건 크게 새로운 이야기도 아닙니다.

마이클 무어는 프랑스를 방문해서 그 나라의 의료 혜택에 관한 이야기를 듣고 나서도 못 미더웠는지 프랑스에 사는 미국인들을 모아 얘기를 듣는데, 그중

한 여자의 말이 인상적이었습니다.

"미국에 사시는 부모님께 죄책감이 느껴져요. 여기서 저는 많은 혜택을 누리잖아요. 그분들은 열심히 일했지만 병원 근처에도 못 가봤어요." 혼자서만 프랑스의 의료 혜택을 받는 게 미안하다는 얘기입니다. 그러면서 덧붙이죠.

"세상은 너무 불공평해요."

세상에나 마상에나, '세상에서 제일 잘사는 나라'라는 미국 국민이 그런 말을 하다니 놀라웠습니다. 옆에 있는 사람이 덧붙입니다.

"이 모든 게 가능한 건 정부가 국민을 두려워하기 때문이죠. 시위할까 두렵고, 반대할까 두려워하죠. 그런데 미국에선 국민이 정부를 두려워해요. 정부에 맞서길, 시위에 나서길 두려워해요."

지금 한국 사회는 어떤가요? 정부를 두려워하는 것을 넘어서 '경외'하는 것은 아닐까요? 〈식코〉에는 영국 이야기도 나옵니다. 철도 민영화, 공기업 민영화를 밀어붙였던 대처 총리조차 의료 민영화는 손대지 못했다고 합니다. 그랬으면 아마 혁명이 일어났을 것이란 얘기입니다. 국가 보험으로 운영되는 한 병원에 가서 마이클 무어가 묻습니다. "돈 내냐?"고. 병원 관계자든 환자든 그런 질문은 처음 받아본다며 웃는데, 나가면서 '캐시어cashier'(현금 출납계)라고 쓴 표지를 본 마이클 무어가 회심의 미소를 지으며 묻습니다. "돈은 안 받는다면서요?" 그런데 맙소사! 거긴 환자에게 돈을 받는 곳이 아니었습니다. 가난한 사람들이 병원까지 오느라 들어간 차비를 돌려주는 곳이었죠.

미국에서 유일하게 완벽한 무상 의료 혜택(?)이 주어지는 관타나모 수용소 얘기도 흥미롭습니다. 9·11테러 때 현장에서 구호 활동을 해서 전 미국인으로부터 영웅 칭호(?)를 받았던 활동가들이 병에 걸리지만 미국 정부와 사회는 이를 외면해요. 그들은 결국 치료받지 못합니다. 마이클 무어는 그들 중 몇을 관타나모 기지에 데리고 가서 치료해달라며 퍼포먼스(?)를 벌이지만, 실패하고 맙니다. 난감해진 마이클 무어는 수소문 끝에 이들을 쿠바의 아바나 국립 병원으로 데려갑니다. 거기서 쿠바 국민처럼 무상으로 미국에서 치료받지 못한 질병을 치료합니다.

미국에 이런 의료 제도를 처음 이식한 사람이 닉슨이었답니다. '워터게이트'[2]의 그 닉슨. 저는 오늘의 대한민국에서 데자뷔 현상 즉 기시감을 느낍니다. 국정원 등 국가기관의 선거 개입과 워터게이트, 그리고 의료 민영화. 여러분은 어떻습니까. 여전히 나와는 상관없는 일인가요?

갈수록 태산

'갈수록 태산'이라는 농담이 있습니다.

고속도로를 통과하던 차량을 경찰이 세웠습니다.

"축하합니다. 100만 번째 이용자로 선정되어 상금을 받게 되셨어요."

신호라도 위반한 줄 알았던 운전자는 어리둥절합니다. 경찰이 묻습니다.

"그런데 상금은 어디에 쓰실 예정입니까?"

운전자가 답했습니다.

"아, 운전면허를 따는 데 쓸 계획입니다."

옆에 앉아 있던 여자가 당황하며 말했습니다.

"아, 아니에요. 이이는 술만 마시면 횡설수설한답니다."

뒤에 앉아 있던 귀가 먹은 할머니가 이 소동을 지켜보며 한마디 합니다.

"거봐라, 훔친 차로는 멀리 못 간다고 했잖아."

도난 차량에 무면허, 음주 운전. "갈수록 태산"입니다.

그런데 지금 한국 사회는 여기서 멈추지 않는 것 같습니다.

분위기가 수상하자 경찰이 말합니다.

"아저씨, 트렁크 좀 열어보세요."

이어지는 누군가의 대답.

"아, 아무것도 없어요, 시체밖에는."

거짓말이 또 다른 거짓말을 낳으며 사태를 키우는 형국입니다. 이 농담이 지금 한국 사회의 일면을 보여주는 것 같아 씁쓸합니다. 심각한 것은 거짓말의 주체가 국가권력인 데다 진실이 드러나도 좀처럼 사과하지 않는다는 것입니다. 여러 증거가 국가기관이 동원된 조직적인 범죄라는 사실을 가리키는데도 '개인적 일탈'로 '꼬리 자르기'를 합니다. 심지어 '국가와 사회를 위해서 어쩔 수 없이 저지른 일'이라는 궤변을 늘어놓습니다. 과거 일제강점기의 친일파들은 변명이라도 했지만, 지금은 "그때 안 그런 사람 있냐?"고 큰소리치며 외려 비판자의 입을 막아버리는 형국입니다. 그런데 우리는 거기서 얼마나 멀리 떨어져 있을까요? 그들을 비판하는 우리 자신 말입니다.

'민주주의의 위기'는 하도 많이 들어서 이제 식상한 말이 되었습니다. 시대를 거꾸로 돌리려는 자들에 대한 비판은 공허한 메아리가 되어 돌아옵니다. 대안은 없는 걸까요?

저들을 비판하는 것만으로 달라지지 않습니다. '너희는 다르냐? 정권 줘봤는데, 별것 없었잖아?' 하는 국민이 적지 않은 상황에서 말입니다. 착하지만, 무기력하게 자살을 택할 수밖에 없었던 사람에게 '민주 정부'는 얼마나 달랐을까요?

과거 '민주 정권'은 지금처럼 삭막한 세상을 만드는 데 일조했거나, 바꿀 기회를 얻었지만 실패했습니다. 거기에 대해 진심으로 사과하기보단 누구보단 낫다며 남 탓으로 일관하거나, 자신들을 선택하지 않은 대가를 치른다며 국민을 모독하고 있지는 않은가요.

'왜 우리를 믿지 못할까?' 하고 눈을 흘기지만 말고 그 이유에 대해 한 번쯤 돌아봤으면 어땠을까요? 생각이 조금 다른 사람들을 끌어안으려고 하지 않고, 모독하고 내모는 데만 힘을 쏟지는 않았던가요? 아주 간단히 셈해봐도 힘없는 사람이 힘 있는 사람들을 이기려면 힘을 모으고 치밀한 전략을 세워야 할 텐데 말입니다. 너무 오만했거나 무능했던 것은 아닐까요? 더 큰 문제는 이런 상황이 개선될 기미가 보이지 않는다는 것입니다.

우리 시대의 한명회를 찾아서

"원정대의 지휘권을 평범한 능력을 가진 한 사람에게 맡기는 것이 가장 출중한 두 사람에게 반씩 나누어 맡기는 것보다 낫다." 『군주론』으로 유명한 이탈리아의 정치 사상가 마키아벨리의 말입니다.

그런데 소위 진보·개혁 진영에 지휘관이 너무 많았던 건 아닐까 하는 생각이 들 때가 많습니다. 잘난 사람들이 너무 많아 배가 산으로 갔다고 할까요. 그들이 보여주는 은근한 엘리트 의식이 대중들의 등을 돌리게 한 측면도 없지 않아 있는 것 같고요.

〈관상〉은 2013년에 인상 깊게 본 영화 중 하나입니다. 수양대군(세조)에 대한 정치적·역사적 평가야 어찌 되었든, 그는 사람을 쓸 줄 알았다는 생각이 듭니다. 말단 군관을 최고 지휘관으로 삼는 파격. '우리더러 저런 사람 밑에 있으란 말이냐?'는 반발이 숱하게 있었겠지요. 그게 수양대군의 '카리스마'였을 것입니다. 한명회는 그렇게 최고의 자리에 오른 사람입니다. 그는 아주 현실적인 인물이었습니다. 주인공 김내경이 말한 한명회의 관상. '귀한 듯하면서 천하고, 천한 듯하면서 귀한' 그런 사람이었기에 상황을 잘 파악하고 왕권을 유지하는 데 일익을 담당하지 않았을까요?

오늘날 진보·개혁 진영에는 수많은 제갈공명들이 탁상공론하는 모습이 보입니다. 한명회 같은 현실주의적 지략가가 필요합니다. 과거 정권을 잃었던 보수 세력이 '뉴라이트'라는 이름으로 반격을 시작했던 것처럼 우리도 새로운 흐름을 만들지 않으면 앞으로도 어려워질 것이라는 예감은 저 혼자만의 것일까요? 그런 의미에서 2014년은 중요한 해라는 생각이 듭니다.

철수와 영희, 그리고 바둑이도 위한 대자보 시리즈

저는 10년 넘게 인터뷰만 해온 사람입니다. 제 보잘것없는 인터뷰가 세상을 조금이라도 나아지게 할 수 있을 거라는 희망으로 버텨왔습니다만, 최근에는 회의에 빠질 때가 많습니다. 그러면서 좀 더 속도감 있게 사람들의 목소리를 전하고, 상황을 알릴 수 있는 매체에 대한 갈망이 커졌습니다. 출판사 대표님들에게 팸플릿 형태의 책, 대자보 같은 형식의 책이 필요한 시대라는 의견을 전했지요. 때마침 철수와영희출판사에서 동의해주셨고, 앞으로 많은 인터뷰어가 참여하여 시리즈로 만들기로 약속했습니다.

대자보 시리즈를 함께할 분을 생각해보다가 손석춘 선생님을 떠올렸는데, 평소 대담과 인터뷰에 적극적이신 선생님께서는 흔쾌히 동참해주기로 하셨습니다. 손석춘 선생님은 평소 학습의 중요성을 강조합니다. 공부하고, 토론하고, 알려나가야 이 상황을 극복할 수 있다는 거지요. 홍세화, 김민웅 선생님도 대담에서 "아가리 없이 아고라 없고, 아고라 없이 민주주의 없다"는 말씀을 하셨습니다. 끊임없는 대화와 토론의 중요성을 강조하신 것입니다.

저는 여럿이 함께 말을 만들어가는 것도 중요하지만, 우선 사람들에게 질문을 던져야 한다고 생각합니다. "어디 아프십니까? 무슨 문제가 있어요? 어떻게 해주길 원하십니까?"라고 말이지요. 이 책[3]은 손석춘 선생님과 제가 함께 만드는 대자보 시리즈의 시작입니다.

앞으로 진보, 보수를 망라해서 힘없는 사람들인 철수와 영희의 목소리를 대변하는 책이 되고자 노력하겠습니다. 이러한 작업이 조금 더 나은 세상을 앞당기는 데 도움이 될 수 있었으면 좋겠습니다.

저와 손석춘 선생님이 함께 만드는 대자보는 앞으로 사람 사는 이야기를 당사자의 목소리로 직접 전할 예정입니다. 시민사회단체 활동가, 노숙자, 외국인 노동자, 성 노동자, 고독사로 세상을 떠나시는 쪽방 노인분들, 택시기사, 소방관, 탈북자 등등 할 말은 많지만, 상대적으로 소외되었던 모든 분과 소통해나갈 예정입니다. 건투를 빌어주셨으면 합니다.

지승호 드림

1부
우리는 왜 패배했는가

박근혜 시대의 진보

지승호: "아가리 없이 아고라 없고, 아고라 없이 민주주의 없다." 홍세화 선생님과 김민웅 선생님의 시사 대담집 『열려라 아가리』의 한 대목입니다. 지식인들이나, 얘기를 할 수 있는 사람들이 막 떠들어야 하는 시대라는 말씀이셨어요. 저는 그런 작업과 함께 이 시대의 사람들이 어떻게 살고 있는지 그들의 이야기를 들어야 한다고 생각합니다. 그동안 진보 진영이 큰 담론을 이야기하는 데는 능했지만 현장에 가서 얘기를 듣는 데는 소홀하지 않았나 하는 생각도 들거든요. 물론 계속 현장에 계셨던 분도 있지만, 진보 진영 매체에서 그 현장의 목소리를 실어주지 않았던 경향도 있었던 것 같고요. 그런 전반적인 얘기를 좀 해봐야 할 것 같습니다.

말하기 전에 우선 가까이 찾아가서 어디가 아프냐? 어떻게 해드릴까요? 무슨 문제가 있습니까? 하고 묻고 그 내용을 전했으면 좋겠는데요. 그 시작을 선생님과 제 대담으로 해야 할 것 같습니다. 어떤 얘기부터 할까요? 진보 진영의 문제점에 대한 얘기부터 할까요, 아니면 박근혜 시대에 대한 얘기부터 할까요?

손석춘: 현장의 목소리를 담는 우리 시대의 '대자보'가 필요하다고 생각합니다. 대담 순서는 편하신 대로 하세요.

지승호: 그럼 먼저 '박근혜 시대'를 살펴보지요. 선생님께서는 박근혜 대통령(이하 직책 생략)에 대해 2011년도에 『박근혜의 거울』[4]이라는 책도 쓰셨는데요. 거기서 박근혜가 대통령이 되면 안 될 이유에 대해서 쓰셨잖아요. 막

4) 『박근혜의 거울』 (시대의창, 2011)

상 대통령이 됐을 때는 '그래도 잘해야 하지 않겠느냐.' 기대도 하고 한편 두려움도 있었을 텐데, 이전의 우려와 비교했을 때 박근혜 집권 이후 1년에 대해 어떻게 생각하십니까?

손석춘: 대통령 취임 전까지는 자신에 대한 비판에 귀 기울인다는 생각이 들 때가 있었어요. 너무 주관적 해석일지 모르겠지만, 제가 2009년쯤에 이명박 정부의 경제정책이 바로 박근혜 후보의 '줄푸세' 정책이며, 설령 박근혜 정부가 들어서더라도 이명박과 달라질 게 하나도 없다는 칼럼을 두 차례 연속으로 썼었습니다. 그런데 곧 박근혜의 말이 달라지기 시작하더군요. 자본주의 문제점에 대해서도 슬쩍 언급한다든가, 뭐 이런 식이었어요. 말씀하신 대로 대선을 앞두고 『박근혜의 거울』이라는 책을 냈는데, 선거 국면에서 뭔가는 실천해야겠다는 생각으로 썼습니다. 박근혜의 문제점만이 아니라 진보 진영의 문제도 담았어요. 그런데 『박근혜의 거울』을 가장 열심히 참조한 쪽이 박근혜나 박근혜 측근인 것 같아요. 예를 들면 그 책에서 제가 '복지'라는 게 사전적인 의미로 '행복한 삶'이니까 복지라는 말보다 '행복'으로 이야기하자고 했는데, 박근혜가 바로 '국민 행복 시대'로 치고 나오더라고요. '박근혜는 이걸 하지 못할 것'이라고 제가 썼던 내용을 이야기해나가더군요. 박근혜가 대통령이 되어서는 안 된다는 이야기를 참고해서 그 반대로 실천해가기 시작한 겁니다. 심지어 제 후배가 저에게 "박근혜가 대통령이 되는 데 선배가 가장 기여하지 않았느냐?"라고 얘기해요.

그 책이 많이 나간 것은 아니지만, 몇몇 언론에 소개는 됐고, 박근혜 쪽에서 읽어는 봤을 것 같고, 그걸 참고했을 것 같은 생각이 들어요. 아무튼 '국민 행복 시대'를 내걸었고, 이명박과 경제정책의 차별성을 뚜렷하게 내세웠죠. 그래서 대통령에 당선됐다는 생각이 드는데, 민주당이 정작 제기해야 할 복지와 행복 이야기를 박근혜가 선점한 거죠. 경제 민주화까지 포함해서. 그런데 대통령이 되고 나서 추진하는 정책을 보면, 물론 애초부터 믿음도 없었지만, 역시 선거용 슬로건이었다는 확신이 들어요. 아무튼 박근혜 캠프가 대선 국면에서 자신들에 대한 비판을 효과적으로 활용했다는 생각이 듭디다.

그래서 지식인이라는 존재에 대해 회의를 느낄 때가 종종 있습니다. 여러 가지가 있는데요. 박근혜가 창조 경제를 강조하잖아요. 제가 원장으로 있었던 '새로운 사회를 위한 연구원'(이하 새사연)이 내놓은 책에서 강조한 게 사실 '창조 경제'거든요. 『박근혜의 거울』에도 그런 얘기가 나오죠. 물론, 그 창조 경제는 노동의 창조성을 강조한다는 의미에서 박근혜식 창조 경제와는 확연히 다르지만, 어쨌든 시대정신을 풀어가는 슬로건 차원에서 박근혜가 차용한 게 아닌가 싶기도 합니다. 다른 사람들의 이야기를 상당히 많이 듣고, 그것을 선거에 활용했다는 생각이 들어요.

지승호: 중요한 지적이신 것 같습니다. 저쪽은 위기가 닥칠 때마다 이기기 위해서, 그게 쇼일지라도 상대방이 얘기하는 비판에 귀 기울이고 약점을 보완해나간 반면, 이쪽은 너무 단선적이지 않았나 싶습니다. 그냥 박근혜가 수구적 인물이고 '수첩 공주'고, 이런 약점만 보고 박근혜는 안 된다는 식의 네거티브 캠페인 위주로 선거운동을 했어요. 오히려 이쪽 문제를 하나하나 성찰하면서 극복해나갔어야 하는 게 아니었나 싶습니다. 저쪽이 집권해서는 안 되는 이유와 더불어 이쪽의 집권 어젠더(의제)를 이슈화했어야 하는데, 그런 것이 굉장히 부족했던 것 같아요.

손석춘: 그렇습니다. 실제로 선거 국면에서 보면, 문재인 후보가 내건 정책들이 민주당으로서는 가장 진보적이었잖아요. 그때까지의 민주당 정책 흐름에서 보면 가장 좋았지요. 그런데 그것을 선거 국면에서 적극적으로 의제로 설정하지 못하더군요. 그런 걸 보면 그 정책을 실천할 만한 의지가 부족한 게 아니었을까 싶어요. 그러니 열정이 모아질 수 없지요.

'부정선거'에 분노하지 않는 이유

지승호 : 지금 국정원의 대선 개입 등이 이슈화되어 촛불 집회가 지속적으로 이어지고 있잖아요. 어떻게 보면 2008년 문제가 불거졌던 미국산 소고기 수입보다 훨씬 심각한 사안인데, 대다수 국민이 외면하고 있는 게 사실입니다. 미국의 '워터게이트' 사건과 비교해도 그렇고, 박근혜 대통령이 물러나야 한다고 생각하시는 분들도 있지만, 많은 분은 거기에 대해서 냉담한 상황인 것 같습니다.

손석춘: 2012년 대선에서 국가정보원, 국방부의 사이버사령부, 국가보훈처 등 국가기관이 개입한 사실이 드러났잖습니까? 그들의 개입 규모가 아직 다 드러나진 않은 것 같아요. 그래서 저는 이 국면에서 '부정선거'라고 단정하기보다는 '부정선거 의혹'이 있으니 이에 대해서 진실 규명을 요구하는 한편, 진실을 은폐하려는 권력에 초점을 맞추면서 날카롭게 공격해나갈 수 있을 것 같은데요. 국민 정서와 어긋나게 대통령 퇴진을 성급하게 요구한다거나, 문재인 의원이 다음 대선 출마를 언급하는 행보를 보인다든가, 그런 식으로 문제를 풀어나가는 모습이 안타깝습니다. 부정선거라고 단정 짓고, 대통령 하야를 요구하는 것은 대다수의 국민 정서로 볼 때 너무 앞서가는 요구라는 생각이 들거든요. 사람들이 그런 이야기에 따라가기 어려울 것 같아요. 그래서 부정선거 의혹에 대한 진상 규명 요구, 그걸 은폐하려는 것에 대해서만 집중해서 이야기를 해도 될 것 같은데, 그런 국면에서 문재인 씨가 다음 대선에 나오겠다, 이렇게 이야기를 하니까 국민들의 눈에는 초점이 잘 안 잡히는 게 아닌가 하는 생각이 듭니다.

〈조선일보〉 기준으로 보더라도 이건 부정선거 의혹이 짙죠. 대통령 선거 직후에 나온 〈조선일보〉 보도를 보면 민주당의 패인을 분석하면서 이렇게 얘기했어요. 국정원 직원을 아무 근거도 없이 감금했고, 이런 것이 50대들의 마음을 움직였다. 대통령 선거 국면에서 토론은 문재인이 훨씬 잘하지 않았나요? 그런데 서울경찰청장이 국정원 댓글에 대해 거짓 발표를 했고, 〈조선일보〉는 선거 하루 전날 문재인에게 사과하라는 제목으로 사설을 내보냈어요. 사실 지금 짚어보면 〈조선일보〉가 사과해야 하는데, 이들은 사과할 생각이 전혀 없는 거죠. 그래서 50대가 움직인 게 문재인이 패배한 원인 중 하나이고, 또 하나, 트위터 상에서 과거처럼 진보 쪽 트위터가 더 많지 않았다고 해요. 그것도 〈조선일보〉에서 분석한 얘기죠. 트위터전에서도 박근혜 후보가 선전했고, 이걸 승리 요인 중의 하나로 꼽습니다. 그런데 그 두 가지 요인 자체가 다 문제가 되는 거죠, 지금.

지승호: 지금 생각해보면 트위터 쪽은 국가기관이나 이런 쪽에서 많이 개입했던 거고요.

손석춘: 그리고 그냥 개입한 게 아니라 국가정보원이라는 막강한 기구에서 그것도 심리전을 담당한 전문가들이 한 거잖아요. 〈조선일보〉 기사를 보면 당시 트위터에서 박근혜 쪽이 이긴 가장 큰 이유로 '문재인의 문제점을 아주 잘 집어냈다'고 분석하던데요. 그게 국정원의 작품이라면, 부정선거 의혹이 굉장히 짙어지는 거죠. 당연히 특검이 필요한 거고요. 그런데 민주당이 이 좋은 국면에 제대로 못 싸워가는 것 같아요. 만약 2012년 대통령 선거에서 문재인이 후보가 아니었다면, 국민적인 저항도 훨씬 폭발적이었을 것 같아요. 당시 문재인이 후보였기 때문에 국정원을 비롯한 국가기관들이 대선에 개입한 사실이 들어났는데도 '부정선거' 때문에 진 게 아니라며 적잖은 사람들이 마음을 접는 게 있을 것 같습니다. 아픈 대목이지만 그런 점도 생각해볼 필요가 있지 않을까요?

지승호: 폭발적인 사안이긴 한데, 지금 말씀하신 것처럼 노무현 정부가 한 번 정권을 잡았고, 냉정하게 말하면 어쨌든 국민을 실망시켜서 정권이 바뀌었잖아요. 선생님의 지적대로 당시 대통령 후보가 문

재인이었기 때문에 중도 성향의 사람들이 정치 공세로 생각한 것 같습니다. 진영 논리로 생각하고. 거기서 좀 떨어져 있는 국민들은 이 사안에 대해서 냉소적이거나 관망하는 입장인 것 같고요. 미국 워터게이트 사건은 도청만 문제가 됐던 게 아니라 닉슨 정부가 지속적으로 정치 공작을 하고, 야당 의원들에 대한 납치 시도까지 했던 상황이었어요. 그럼에도 그 사안이 꽤 많은 시간을 끌었잖아요. 그만큼 국가권력의 부정을 밝혀낸다는 게 어렵다는 얘기인데요. 당시 결정적으로 문제가 됐던 게, 닉슨이 그 사실을 알고 있었다는 겁니다. 이것이 국민에게 알려지면서 닉슨이 대통령직에서 물러나는 상황까지 갔던 거고요.

우리의 경우 지난 대선에서의 국가기관 개입 사건은 길어질 수밖에 없는 싸움 같습니다. 정치권에서 국민한테 사실을 제대로 알리지 않는 한, 비록 뇌관은 있지만 폭발하지는 않을 것 같고요. 국민이 지친 것도 있습니다. 그동안 이명박 정권에서부터 큰 사건을 너무 많이 겪다 보니까 사람들이 자포자기하는 것 같습니다. 이럴수록 정치인이나 지식인이 대안을 제시해야 할 것 같아요.

우리는 왜 패배했는가-2012년의 추억

손석춘: 과거에는 지식인들이 비판적 여론을 형성해나갔지만, 지금은 달라요. 페이스북, 트위터 같은 소셜 네트워크 서비스(SNS)를 통해서 모든 사람이 의견을 제시할 수 있는 시대가 됐잖습니까? 그러다 보니까 정제되지 않은 이야기들이 많이 나오는 것 같아요. 예컨대 팟캐스트 서비스인 〈나는 꼼수다〉 같은 경우 긍정적인 기여가 분명히 있었습니다. 언론이 제 기능을 못하는 시절, 속 시원히 할 말을 하면서 카타르시스를 주는 부분도 있었는데요. 하지만 그런 막말이 반대

쪽 사람한테는 상당히 자극적으로 들리거든요. 우리와 생각이 다른 쪽 사람들과 일반적인 국민 감성을 고려해야 합니다.

정의구현사제단 신부들이 박근혜 퇴진을 얘기하는 것에 대해서 정말 정의구현사제단답고 용기 있다는 생각이 들면서도, 한편으로는 대통령 퇴진보다는 부정선거 의혹의 진상 규명을 요구하는 식으로, 한 단계를 낮춰서 이야기해나갔으면 어땠을까 하는 아쉬움이 있어요. 물론, 신부님들이기 때문에 정치적·전략적 판단은 어울리지 않는다고 하더라도 대통령 퇴진은 비판 여론이 어느 선까지 올라온 뒤, 마지막에 해야 할 얘기잖아요. 국민 여론에 앞서 가서 퇴진을 주장했다가 그게 안 되면 더는 할 게 없는 거예요. 오해 없도록 다시 강조하지만 정의구현사제단 신부님들이 적잖은 사람들에게 용기를 준 것은 틀림없어요. 다만, 그런 점들이 아쉬운 거죠. 인터넷과 모바일로 모든 것을 열어놓고 이야기할 수 있는 시대가 되었기 때문에, 올바른 여론을 형성하려면 책임 있는 사람들은 말을 할 때 정제하거나 절제해야 합니다. 물론, 본말을 전도 시키는 언론의 과장보도, 왜곡보도가 큰 요인이라고 생각하지만, 실제로 정제 또는 절제되지 않은 발언들이 일부 보이기 때문에 아쉬운 거죠.

지승호: 2008년 이명박 정부는 출범 초기에 미국산 소고기 수입 반대 촛불 집회로 굉장히 당황했다가, 전열을 정비하고 나서 차근차근 반격을 개시해나갔잖아요. 막강한 권력을 이용해 다양한 전술들을 구사했습니다. 여기에 진보·개혁 진영이 밀리기 시작하지요. 거기에다 실제로 국민이 뽑은 대통령을 끌어내린다는 게 생각보다 쉽지 않을뿐더러, 상당한 국민적인 반발을 가져올 수 밖에 없잖아요. 노무현 대통령 탄핵 때를 보세요. 노무현 대통령이 인기가 있었다기보다도 보수진영이 상황을 잘못 분석했다가 어마어마한 역풍을 맞은 것 아닙니까?

이번에도 국가기관 대선 개입을 둘러싼 대치 국면을 이어가다가 저쪽이 또 뭔가를 들고 나오지는 않을까요. 수세적인 국면을 돌파하고자 강하게 드라이브를 걸면서 치고 나올 수도 있고요. 그랬을 때 과연 피를 보지 않고 이 상황을 돌릴 수 있을까? 하는 걱정이 생깁니다. 실제로 지난해 말에 한 분이 분신하기도 했고요.[5]

손석춘: 2008년 촛불 집회를 말씀하셨는데, 당시 이명박 정부는 이제 아무 힘도 못 쓸 것이다, 벌써 레임덕에 들어갔다는 식으로 이야기를 많이 했잖아요. 그런데 사실은 달랐죠. 촛불의 열기가 채 가시기도 전에 미디어법을 통과시켰습니다. 그 과정이 예전에 민주당이 언론 개혁법을 처리할 때와 대조적이에요.

노무현 정부는 언론 개혁에 대해서 이야기는 굉장히 많이 했습니다. 대통령이 직접 나서서 여러 차례 언론을 비판하기도 했는데요. 그런데 막상 만들어놓은 법안은 누더기였거든요. 물론 그 법조차도 지금은 없어져 버렸지만요. 여기에 비하면 당시 이명박 정부와 한나라당(현 새누리당)이 법안을 통과시키는 과정은 지능적이에요. 시간을 끌면서 제풀에 지치게 만들어요. 우선 미디어법 자체는 일사천리로 날치기 처리합니다. 2009년 7월이에요. 그리곤 이른바 여론을 수렴한다며 냉각 기간을 두죠. 그러다 마침내 2010년 12월 보수 언론한테 종편[6](종합편성채널)을 하나씩 줍니다. 결국 종편은 지난 대통령 선거에

서 50대, 60대, 70대들을 결집시키는 데 큰 역할을 합니다. 이런 모습을 보면, 민주당이나 민주당 지지하는 사람들이 순수하긴 하지만 차분하지 못하다는 느낌이 어쩔 수 없이 들어요. 적지 않은 사람들이 피로감을 느끼고 있습니다. 금방 뭔가가 이루어질 것처럼 이야기하는데, 그러고서는 뭐 하나 해놓는 게 없는 것 같아서이지요.

상황이 어려울수록 책임 있게 풀어나가야 합니다. 치밀하게 생각하고, 자신들이 실천할 수 있는 것을 이야기해야 해요. 하지만 요즘

그런 모습이 보이지 않습니다. 2008년 촛불 집회, 그다음에 있었던 노무현 서거 이후의 추모 열기, 그런 열정들을 죄다 탕진하고 있는 게 아닌가 싶은 거죠. 우리는 힘을 계속 탕진하는 식으로 운동해왔고, 저쪽은 필요할 때마다 자기들 것을 딱딱 챙겨가거든요. 법제화를 시킵니다. 이러다가는 계속 그런 식으로 당하지 않을까? 하는 걱정이 들죠. 제가 너무 비판적인가요?

지승호: 분석은 냉정해야 하니까요. 물론 많은 사람이 불편해하죠, 이런 얘기에 대해서.

손석춘: 네. 불편해하죠. (웃음) 하지만 가끔 진실은 받아들이기가 불편해요.

지승호: 동지의 등에 칼을 꽂는다며 흥분하는 분들도 있어요. 하지만 이쪽 진영을 폄하하고, 비판해서 잘못되게 하겠다는 것이 아니잖아요. 이기려면 철저하게 분석해야죠. 어쩌면 우리가 보수 세력들을 너무 만만하게 봐서 그럴 수도 있다는 생각이 듭니다. 그런데 사실 저쪽이 겉보기는 거칠어도 정교하게 움직이거든요. 역할 분담도 철저하고.

손석춘: 그러면서도 노회하죠.

지승호: 의리도 있어요. (웃음) 누군가 행동 대장으로 나서서 총대를 메면 반드시 보상해줍니다. "저 신문 왜 저러지? 언론인이 저따위로 글을 써?" 그런데 그 글을 썼던 사람이 어느 순간 정치권에 들어가 있거든요. 그러니 '내가 욕 좀 먹고 우습게 보이더라도 저 사람들이 챙겨줄 거야.' 하는 생각으로 계속 그런 편향적 기사를 쓸 수 있는 거죠.

보수 세력들은 보상해줄 물적 자본이 풍부한 기득권층이기도 하니까요. 여기에 맞서려면 그들보다 여기는 훨씬 정교하고 전략적이어야 할 텐데, 진보 진영에서는 저들은 '수구 꼴통'이고 시대착오적이니 우리가 정체를 까발리면 쉽게 이길 수 있을 거야, 하는 근거 없는 믿음을 가지고 있는 것 같거든요.

손석춘: 2008년 촛불 집회 때 우리는 무척 고무되어 있었습니다. 우리가 직접 민주주의를 만들어 갈 수 있다는 생각을 했었잖아요. 하지만 이후 계속해서 패배해왔어요. 2012년 총선도 그렇고, 대선도 그렇고요. 물론 중간에 2010년 지방선거에서 이긴 적도 있지만, 촛불 집회 이후 지금까지 크게 조감해보면, 저쪽은 중심을 가지고 전략을 세워서 대처해나가는데 반해서 우리는 확 뜨겁게 달아올랐다가 사그라지고 자포자기하는, 이런 식으로 반복되어온 게 아닌가 하는 생각이 들어요. 그 과정에서 즉흥적이고 또는 격정적이고 정제되지 않은 말에 환호했던 것은 아닌지 걱정이 됩니다. 예를 들어서 성급한 박근혜 퇴진 얘기도 그렇고, 박근혜 정권을 두고 유신 체제가 부활했다는 식의 비판이 얼마나 국민에게 다가갈 수 있을까, 회의적입니다.

지승호: 실제로 민주주의가 후퇴한 건 사실 아닌가요? 형식상으로는 유신과 비교할 수 없을 정도의 자유가 있지만 내용상으로는 그렇지 않잖아요. 대통령을 비판했다는 이유로 소송을 당하기도 하는 게 현실이니까요. 또 하나, 북한 체제와의 비교에 의한 착시 현상도 있는 거 같습니다. 거기에 비하면 상당히 진화된 체제잖아요.

손석춘: 박근혜 정권이 유신이라고 얘기하는 분들을 보면 저는 좀 갑갑해요. 사실 그분들이 유신 체제 때 열심히 싸웠고 그러다가 희생당하신 분들이거든요. 물론, 지금도 해직당하는 방송인들이 있고, 저도 유신 체제 때 학생운동을 했던 사람이지만 냉정하게 봐야 할 거 같아요. 예를 들면 김대중·노무현 정부와 이명박·박근혜 정부 사이에는 '건널 수 없는 강'이 있는 것처럼 생각들을 많이 하잖아요.

박근혜를 유신 체제에 비유하는 것도 그런 사고의 연장이죠. 하지만 국민들도 그럴까요?

지식인, 먹물들 입장에서 보면 차이가 굉장히 크죠. 하지만 기층 민중에게도 과연 그럴까 싶어요. 김대중·노무현 정부와 이명박·박근혜 정부를 비정규직 노동자들의 시선으로 보면 얼마나 큰 차이가 있을까, 농민 입장에서 보면 그렇게 큰 차이가 있을까? 영세 자영업자 눈에서 보면, 청년 실업자와 대학생들의 눈으로 보면 그게 얼마나 큰 차이일지 회의적입니다. 아시다시피 김대중·노무현 정부 시기에 신자유주의 경제체제가 뿌리를 내렸고요. 부익부 빈익빈도 여전했습니다.

2012년 대통령 선거를 앞두고 제 나름대로 뭔가 기여해야겠다는 생각으로 대구, 경북, 부산 지역에 강연을 다녔어요. 선거 앞두고 한 달 사이에 다섯 번은 강연을 다닌 것 같습니다. 그러면서 왜 박근혜가 대통령이 되면 안 되는지를 이야기 했는데요. 하나 기억에 남는 것이 있습니다. 대구 근처에서 강연했을 때 한 분이 손을 들고 이렇게 묻는 거예요. "박근혜 비판하는 거 다 좋다. 그렇다고 농민을 죽인 당의 후보를 지지해야 하냐?" 그래서 결국 저는 '차악'이라는 표현을 쓰면서, 그래도 박근혜보다는 낫지 않겠냐고 했습니다. 그분들 눈에는 그럴 수밖에 없죠. 한번 생각해보세요. 농민대회에 참석하러 서울에 올라온 예순아홉 살 농부인 홍덕표 씨가 경찰에 맞아 죽었잖아요.[7] 그게 노무현 정부 때예요. 2006년 여름에는 포스코 앞에서 시

7) 2005년 11월 15일 서울 여의도에서 열린 전국농민대회에 참가한 전용철·홍덕표 두 농민이 경찰 시위 진압 과정에서 사망한 사건을 말한다.

위 중이던 비정규직 노동자 한 명이 또 맞아 죽었고요. 기륭전자로 상징되는 비정규직의 싸움들이 사실은 노무현 정부 때 불거졌던 거잖아요. 그 사람들에게 지난 김대중·노무현 정권은 이명박·박근혜 정권과 얼마나 큰 차이가 있을까요?

당시 제가 강연을 마치고 인사를 나눈 분이 있습니다. 가난한 택시 노동자였던 그분은 시민사회단체, 진보 정당에 회비를 꼬박꼬박

내셨어요. 농민들이 집회하다가 경찰서에 잡혀가면, 이분이 그 앞에서 기다립니다. 왜냐하면 경찰들이 한밤중에도 풀어주잖아요. 그러다 한밤중에 농민들이 나오면 택시로 철원까지 돈도 받지 않고 태워주셨던 분이세요. 노무현 대통령 탄핵 때는 반대 촛불도 열심히 들던 분이 이번엔 자기가 지켜준 정권을 상대로 싸우게 됩니다. 바로 허세욱 열사 이야기예요. 그분은 한미 FTA를 하지 말라고, 자기 몸을 불사르면서 호소했어요. 하지만 바로 그날 노무현 정부는 협상을 타결짓습니다. 이런 사람들에게 노무현 정부는 무엇이었을까요?

그런데 거기에 대한 성찰이 잘 안 보여요. 지난 대선 국면에서 문재인 후보가 기자들 앞에서 이런 얘기를 했어요. "참여정부의 최대 실수는 이명박 정부에게 정권을 넘겨준 것이다." 그때 저는 분노를 느꼈어요. 아무런 반성이 없는 거예요. 말로는 하지만 뼈저린 성찰이 없는 거죠. 요즘은 쓰고 있지 않지만, 과거에 제가 〈오마이뉴스〉에 칼럼을 쓸 때 노무현에 대해 조금만 비판하면 엄청난 댓글들이 붙어요. 왜 진보적인 정권을 비판하느냐는 거죠. 거기에 제가 이렇게 댓글을 달았어요. "다 좋은데, 만약 이런 상태로 계속 간다면 다음 대선에 또 집니다." 제가 그 얘기를 몇 차례나 했거든요. 결국 안 됐잖아요. 만약 지난 대선에서 문재인이 후보가 아니었더라면 국정원의 대선 개입에 지금보다 훨씬 더 많은 국민적 저항이 있었을 거라고 했죠. 반성이 없기 때문이에요. 국민이 책임을 묻고 있는 겁니다.

걱정스러운 것은 여전히 문재인 의원 같은 분이 차기 대선 출마를 언급하면서 계속 김대중·노무현 정부와 이명박·박근혜 정부의 차이를 강조한다는 거예요. 마치 자기들 외에는 깨어 있는 시민이 아니라는 듯이 주장하거든요. 답답한 일입니다.

지승호: 자기들만이 역사적 정당성을 갖고 있다고 생각하는 경향이 있죠.

손석춘: '깨어 있는 시민'이라고 하죠. 하지만 이 개념은 아까 말씀

드린 비정규직 노동자, 농민, 청년 실업자, 대학생, 영세 자영업자 같은 기층 민중의 눈으로 보면 사치예요. 당장 먹고살 길 없는 사람들에게 그런 게 무슨 의미가 있겠어요. 하지만 지금도 향수에 젖어 있는 분들이 있습니다. 〈변호사〉라는 영화가 붐을 일으켰잖아요. 인간 노무현에 대한 그리움이랄까 열정 같은 것들이 사회적으로 커지고 있는데요. 이런 식으로는 다음 대선에서 또 진다고 생각해요. 중요한 건 반성과 성찰입니다. 차이를 강조하는 건 설득력이 별로 없어요.

로맨스라 말하는 사람들

지승호: 스스로 진단했듯이 노무현 정부의 최대 과오가 이명박 정부한테 정권을 넘겨준 거라면, 왜 그랬는지를 한 번쯤은 진지하게 생각해봐야 할 것 같은데요. 지지자들 때문에라도 그러기가 쉽지 않은 것 같습니다. 아까 말씀하신 것처럼 한미 FTA 협정이 타결될 때 허세욱 열사가 분신했잖습니까. 그때 인터넷에서는 노무현 지지자 사이에 택시 운전사가 뭘 안다고 참여정부에서 하는 일에 반대하느냐 하는 분위기가 있었습니다. 그분들의 노무현 정부를 지지하는 마음과 열정은 이해하지만, 지나치다는 생각이 들더라고요. 그럴수록 좀 더 냉철하게 사안을 바라봐야 한다고 생각합니다. 안 그러면, 참여정부가 추진한 FTA는 훌륭한데 이명박 정부가 추진한 FTA는 나쁜 FTA다 하는 말처럼 이상한 논리로 빠지잖아요.

손석춘: 이명박 정권이 한미 FTA를 시작한 건 참여정부였다고 공세를 펴자, 그런 논리로 방어했었죠.

지승호: 물론 후속 장치를 어떻게 마련할지, 정부 성격에 따라 세부

적으로 어떻게 운용할지에 대해서는 차이가 있을 수 있어요. 하지만
어쨌거나 협정을 추진한 쪽에서 그렇게 얘기하는 건 변명 같다는 생
각이 듭니다. '자기네가 하면 로맨스고, 남이 하면 불륜이냐?' 이렇
게 느껴질 소지가 있고요. 어떤 정권이냐에 따라 진보 진영에서도 접
어준 부분들이 있는 것 같아요.

　김진숙 민주노총 지도위원이 해고 노동자 복직을 외치며 타워크
레인에 올라갔잖아요. 300일이 넘는 고공 농성 끝에 노사 합의를 이
끌어냈습니다만, 만약 참여정부 시절이었다면 달랐을 거라고 생각했
습니다. 실제로 2003년에 김주익 열사가 같은 장소에서 목을 맸잖아
요. 김 지도위원이 내려올 수 있던 이유는 여론 덕분이었습니다. 수많
은 지지자가 희망버스로 김 위원의 투쟁에 동참했지요. 이명박 정권
에 위기감을 느낀 많은 사람이 힘을 합쳤습니다. 노무현 정권 때였다
면, 안 그래도 대통령이 힘들다며 만류하거나 이런 식으로 항의하는
시대는 지난 거 아니냐며 외면하지 않았을까 싶어요.

손석춘: 노무현 대통령 스스로 그렇게 얘기한 적이 있었죠. 분신으
로 항의하는 시절은 지났다고. 이야기가 노무현 대통령 개인으로 좁
혀지는 경향이 있습니다만, 사실 고 노무현 대통령은 정치인으로서
는 그래도 성찰력이 있는 분이었습니다. 대통령 퇴임 후에 얘기하잖
아요. 재임 기간을 회고하면서 FTA를 밀어붙인 것에 대해서 후회한
다고 했어요. 또 하나, 복지 예산 증액을 밀어붙이지 못한 것도 후회
한다고 했어요. 그런 걸 보면 대통령 개인의 문제라기보다 참모들의
탓이라는 생각도 듭니다.

　당시 노무현 정부에서 각료를 하고 이인자 역할을 한 사람들, 이런
사람들이 뼈저리게 성찰해야 해요. 대통령을 잘못 모셨다는 생각을
해야 하고요. 그런데도 반성은커녕 자리만 되찾으려는 모습이 더 커
보여요. 최장집 선생은 그런 회전문 같은 모습에 대해 신랄하게 이야
기하기도 했죠. 하지만 그런 비판에 귀 기울이지 않습니다. 참모들,
장관, 총리를 했던 사람들, 이런 사람들이 노무현 대통령의 성찰에

대해서는 아무런 이야기도 하지 않아요.

노무현 대통령 재임 시에 제가 꾸준히 그런 문제를 제기했습니다. 한겨레 신문에 계속 썼어요. 비난이 엄청났었죠. 지금도 원한을 품은 사람들이 있어요. "조중동[8]과 당신이 뭐가 다르냐? 참여정부 때 당신이 한 일을 잊지 않겠다." 이런 식으로 말하는 사람이 아직도

있어요. 문재인과 친노 세력은 지금이라도 뼈저린 반성과 성찰을 해야 합니다. 노무현 대통령이 퇴임 후에 보였던 모습처럼 밀이에요. 그리고 누군가 나서면 그를 도와 정권 교체의 밑거름이 되겠다. 이런 자세를 취해야 마땅해요. 그런데 마치 다른 사람들은 열정이 부족하고, 깨어 있지 못하고, 역사의식이 없다는 식으로 생각합니다. 그러니 자기들이 나설 수밖에 없다고 하거든요. 당연히 국민의 시선이 곱지 않을 수밖에 없어요.

왜 국민을 탓하나?-사과 없는 참여정부

지승호: 정권을 잡았던 사람들인데도 사람들 마음을 못 읽는 것 같아요. '정치적'이지도 못하고요. 정치인은 '쇼맨십'이 있어야 한다는 의미에서 드리는 말씀입니다. 이성계의 부하들이 그를 왕으로 추대하려고 할 때, 마음은 그렇지 않았음에도 두 번이나 거절하지 않습니까. 명분을 쌓기 위해서 말이죠. "나는 아직 아니야." 합니다. 그러면 또 신하들이 알아서 계속 요청합니다. 어차피 짜고 치는 고스톱이지만 백성이 볼 때는 이성계가 왕이 될 욕심으로 저러는 게 아니구나 싶거든요. 정치에는 이렇게 여론을 조성하고 명분을 쌓아가는 과정이 필요합니다.

노무현 정권 시절 사람들도 이랬어야 합니다. 연이어 정권을 내줬

으면 "좋은 정치를 하고자 하는 열망이 있었으나, 저희의 불찰로 몇 차례의 기회를 놓쳤습니다. 백의종군하면서 다른 좋은 정치 세력이 있으면 지원하겠습니다." 했어야죠. 그랬을 때 국민이 그 선의를 이해합니다. 그래야 "다른 사람 찾아보려고 했지만 보니까 당신들밖에 없는 것 같네. 그렇게 반성했으니 기회를 줄게. 다시 한 번 해보겠나?" 하는 마음이 생길 거 아닙니까? 그러면 또 이성계가 그랬던 것처럼 "아니, 저희는 아직 부족합니다." 하면서 지지하는 쪽과 실랑이를 하면서 국민의 마음을 얻는 것이 가능하지 않을까요. 잘못했으면 사과부터 하고 이해를 구해야죠.

운동 경기를 예로 들어볼까요. 어떤 팀이 축구 경기에서 졌습니다. 그러면 패인을 분석해야죠. 경기 장면을 녹화한 비디오테이프를 가져다 놓고 함께 보면서, 저기서 점프를 좀 더 했으면 골을 넣었을 텐데 그러지 못했습니다, 다음에는 점프 연습을 좀 더 해야겠습니다, 우리가 수비만 잘했어도 골을 막을 수 있었는데 실패했습니다, 미안합니다. 이런 이야기를 해야 합니다. 상대를 과학적으로 분석하고 앞으로 어떻게 할 건지 대안을 마련한 뒤 노력하는 모습을 보여줘야 팬들도 믿음이 가겠지요.

그런데 대선 패배 후 보여준 모습은 어땠나요. 외려 특정 선수를 비난하고 관중을 탓했습니다. 잘못을 비판하는 동료에게는 잘해보자고 한 일에 같은 편끼리 그래서야 되겠느냐고 항변하거나 축구도 모르는 놈이 왜 간섭하느냐고 따지는 듯한 느낌이었어요.

왜 경기에서 졌는지, 왜 국민들의 마음을 잃었는지 그 이유를 모르는 것 같았습니다. 이러한 불감증은 정권을 가지고 있었을 때부터 보여줬습니다.

2004년 3월 남상국 대우건설 사장이 자살한 사건이 있었습니다. 당시 노건평 씨에게 뇌물을 건넸다는 혐의로 검찰수사를 받고 있었죠. 그가 자살한 데는 노무현 대통령의 실명 비판이 있었다는 얘기가 있었습니다. 그가 자살하기 직전 기자회견에서 대통령이 이런 말을 합니다. "남상국 사장처럼 많이 배우신 분이 아무 힘도 없는 단지 시골 촌부에게 머리 조아리고 이런 일 안 했으면 좋겠다"고 말이죠. 그리고 나서 남상국 사장이 한강에 몸을 던집니다. 아무도 이 일에 대해 사과하지 않았어요. 당시 진영 논리에 매몰되어 있던 저는 사건을 심각하게 보지 않았습니다. 그런데 지나고 보니 그게 아니에요. 당시 정권 차원에서 사과해야 하지 않았나 싶습니다. 어쨌든 사람이 죽었으니까요. 국민의 마음이 심각하게 돌아선 계기도 그때가 아닌가 해요. 최고 권력자가 친인척의 불찰을 남에게 떠넘기는 듯한 태도를 보였으니까요.

손석춘: 당시 대통령의 발언이 심했죠. 게다가 '힘없는 촌부'라고 했던 노건평 씨가 사실은 그렇지 않았다는 것이 수사를 통해 드러나잖아요.

지승호: 한국에서는 '대통령'을 '왕'처럼 생각하는 인식이 남아 있잖아요. 특히 나이 드신 분들이 그렇지요. 왕이 TV에 나와서 공개적으로 자기를 비난한다고 생각해보세요. 남상국 씨가 충격을 받은 겁니다. 이를 견디지 못하고 자살했는데, 상황이 그렇다면 퇴임 후에라도 유족에게 사과해야 했다고 생각하거든요. 내가 비판한 누군가 자살했다면, 옳든 그르든 도의적인 책임은 져야 하잖아요. 찾아가서 "본의 아니게 상황이 그렇게 됐다, 죄송하다." 했어야죠. 그런데 그렇게는 안 했죠. '대통령 흔들기'라는 생각을 했기 때문인지도 몰라요. 정권을 잡고 나면 그런 마음이 생기는 것 같거든요. 잘잘못을 떠나 뭐든 파워 게임으로 인식하는 거죠. 여기서 밀리면 죽는다, 이렇게 생각하는데 그러면서 상황은 점점 악화되는, 개미지옥으로 빠지는 것 같습니다. 지금 보수 정권들도 마찬가지라고 생각해요. 우리 편, 네 편으로 갈라서 생각하잖아요. 그 점에선 진보적인 정권과 보수 정권의 차이가 없습니다. 우린 달라야죠. 권력을 가진 사람들은 겸손해야 하잖아요. '우리가 가진 권력을 잘못 사용해서 저 사람들이 상처를 받았겠구나, 사과해야겠다. 상처를 어루만져줘야겠다.' 말 한마디

로 천 냥 빚을 갚는다는 말도 있잖아요. 그런데 노무현 정권을 지지하던 상당수 사람이 남상국 사장의 자살에 대해 비리를 저질렀으니까 죽은 거 아니야? 이렇게 냉소적으로 봤던 거 같습니다. 그렇게 생각하지 않는 국민과의 골이 더 깊어진 거죠. 이후의 선거에서 그게 부메랑처럼 되돌아오는 부분이 있고요.

손석춘: 남상국 사장의 일도 그렇고, 아까 말씀드린 허세욱 씨의 무덤도 찾아가야 옳죠. 이 상태로 박근혜 퇴진 얘기만 계속하다가 결국 다음 선거에서 또 지지 않을까? 김문수나 김무성 같은 사람들이 차기 대통령이 되지 않을까? 하는 생각이 듭니다. 김대중 정권에 이어 노무현 정권이 들어섰을 때만 해도 박근혜가 대통령이 되리라 생각했었나요? 마찬가지로 김문수나 김무성 같은 사람들도 언제 어떻게 등장해서 대권을 차지할지 모르죠.

지승호: 그렇죠. 이 사람들은 민주화 정부 10년을 '잃어버린 10년'으로 규정하잖아요. 10년 전부터 대단히 많은 준비를 했습니다. '뉴라이트' 같은 시민사회 차원의 운동도 그렇고요. 지금도 마찬가집니다. 교학사가 펴낸 한국사 교과서나 보수적 인터넷 커뮤니티를 지원하는 것만 봐도 미래에 대한 준비가 철저해요.

손석춘: 조중동을 포함한 수구적 언론사에서 운영하는 종편도 만들어놓았고요.

박근혜 유신론의 함정-국민의 눈높이로 보라

지승호 : 보수 진영은 부지런해요. 이쪽에서 볼 때는 우습게 보이고 '저것들 뭐지?' 싶은데도, 실제로 한국 사회에 상당한 영향력을 끼치는 여러 장치를 마련해놓지 않았나 하는 생각이 듭니다. 앞으로 4년간 새누리당이 일본 자민당처럼 수십 년 장기 집권의 발판을 마련해놓지 않을까 하는 우려가 듭니다.

손석춘 : 박근혜는 '유신 체제의 부활'이라는 식의 주장을 펴면 당장은 속 시원하고 카타르시스도 느낄 수 있겠죠. 하지만 비판만 하고 눈에 보이는 정치적 대안을 마련하지 않으면 점점 국민의 마음으로부터 멀어지고, 지지는 한계에 부딪히는 상황이 되지 않을지 우려가 됩니다. 이런 흐름에 누군가는 제동을 걸어야 해요.

지승호 : 선거를 통해서 진보적인 정부가 들어서야 한다면, 앞으로 4년밖에 안 남았거든요. 지금부터 뭔가 준비해야 하지 않을까 싶습니다. 새로운 흐름을 만들어야죠. 이명박 대통령이 당선되는 데 뉴라이트 운동이 상당한 도움이 되지 않았습니까? 노무현 정권 2년 차쯤부터 태동하더니 중반기에 세력이 커졌습니다. 우리도 시민운동이나 문화운동 차원에서 여러 가지 아이디어를 내고 준비해야 합니다.

대안을 제시하려면 경기 장면을 담은 비디오도 돌려보고, 바둑처럼 복기해야죠. 그러면서 '저 수를 내가 왜 뒀을까?' 실수를 뼈저리게 인정해야 할 텐데요. 당사자들은 했다고 그러는데, 제가 보기에는 이게 반성인지, 화를 내는 건지 잘 모르겠더라고요. 마치 부부싸움을 하다가 아내에게 "미안하다고 했잖아. 그런데 왜 또 바가지야." 이러는 것 같기도 하고요. (웃음) 한미 FTA나 아프가니스탄 파병에 대해 반성한다고 했지만 뭔가 부족하다는 생각이 들어요. 왜 그런 정책을 추진했는지에 대한 얘기가 빠져 있거든요. 솔직하게 이해를 구하고 대안을 찾으면 대화가 더 생산적이겠다는 생각입니다. 아까 말씀하셨지만, 노무현 전 대통령은 퇴임 후에 그간의 일들에 대해 반성하고 새로운 흐름을 만들고자 노력했습니다. 진보가 나가야 할 길에 대해 고민하고 토론하려는 모습을 보였지요. 그런데 대통령을 보필했던 참모들이야말로 '확신범'이 아니었나 하는 의구심이 듭니다. 이분들은 지금도 '큰 틀에서는 옳았다'고 주장하잖아요.

손석춘: 모두가 그랬던 것은 아닌 것 같아요. 제가 〈한겨레〉에 노무현 대통령의 한미 FTA 추진을 비판하는 칼럼을 썼을 때의 일입니다. 그 칼럼을 읽고 마음이 아팠다며 한 청와대 고위 인사가 만나자고 하더군요. 청와대 근처에서 술잔을 나눴는데, 자신도 한미 FTA에 반대한대요. 그래서 청와대 안에서 반대 의견을 냈더니 대장—노무현 대통령을 '대장'이라고 표현하더군요—이 일과 후에 부르더랍니다. 갔더니 술상을 차려놓고, 한미 FTA에 대해 "감이 참 좋다"고 하더래요. 그래서 알았다고 했답니다. 왜 설득하지 않았느냐고 했더니, 대장이 '감이 좋다'고 할 때는 아무도 못 말린다는 걸 잘 알기 때문이라고 하더군요.

한미 FTA의 경우 참모들도 말리지 못할 정도로 대통령의 의지가 강했던 거예요. 그 '감'이라는 게 노무현을 정계로 끌어들인 YS로부터 배운 듯하죠? YS가 맨날 '감' 얘기를 했잖아요. 아무튼, 그렇다고 해도 참모라면 대통령의 잘못을 고치는 데 자리를 걸었어야 했다는 점에서 그들도 실정의 책임으로부터 자유로울 수는 없겠죠.

지승호: 참여정부 세력을 너무 코너로 몰아가는 것 같은데요. (웃음) 여전히 유력한 정치 세력이기에 좀 더 잘해줬으면 좋겠다는 의미로 말씀하시는 것 같습니다.

손석춘: 네, 그렇습니다.

지승호 : 지금 박근혜 대통령이 '불통' 이미지가 강하지 않습니까? 실제로도 남의 얘기를 잘 안 듣는 것 같은데요. 선생님은 『박근혜의 거울』이라는 책에서 이에 대해 많이 분석하셨잖아요. 박근혜라는 인물을 어떻게 보십니까?

손석춘 : 아버지의 영향을 많이 받은 것 같아요. 20대 후반의 나이에 어머니가 돌아가시고 퍼스트레이디 역할을 했잖아요. 유신 체제의 최고 권력자를 근거리에서 18년이나 지켜본 사람이에요. 권력의 속성에 대해 아주 잘 알고 있다고 봐야죠. 아버지로부터 뼛속 깊이 배운 게 있다고 봐야 합니다. 권력을 잡으려면 어떻게 해야 하는지, 잡고 난 다음에는 어떻게 지켜야 하는지까지 배웠다면 지금의 모습이 이해가 됩니다. 박정희 권력은 비정했잖아요. 박근혜는 아버지로부터 영향을 많이 받은 것 같아요. 그래서 절대 밀리지 않겠다는 생각, 이런 게 지금 국면에서도 나타나는 것 같고요. 따라서 박근혜는 앞으로도 상당한 무리수를 둘 것 같아요. 걱정되는 것은 그 무리수에 효과적으로 대응하지 못하면 그대로 관철될 수도 있다는 거죠.

지승호 : 이명박 정부로부터의 학습 효과도 있는 거 같아요. 주위에서 아무리 비난해도 대통령이 밀어붙이면 결국 되더라 하는 메시지가 그를 비판하는 쪽이나 지지하는 쪽 모두에 전해졌으니까요. 이명박 정권 5년이 보수 세력에게는 "저쪽이 아무리 떠들어봐야 우리는 견고하구나." 하는 메시지로, 진보 세력에는 "아무리 해도 계란으로 바위 치기구나." 하는 무기력으로 남은 겁니다. 박근혜 정권의 공세에 효과적으로 대응하지 못하면 더는 이런 절망의 늪에서 빠져나오지 못할 수도 있을 것 같습니다.

손석춘 : 그래서 진보 정치 세력의 대응이 정말 중요한데요. 민주당이 저러면 진보 세력이라도 잘 대처해야 하는데, 아시다시피 지금 학생운동도 거의 무너져 있고요. 노동운동도 그렇습니다. 이번 철도 파

업 때 '그래도 아직은 살아 있구나.' 하는 희망은 잠깐 비쳤습니다만, 민주노총이 출범할 당시에 비하면 크게 약해져 있습니다. 이 부분에 대해서도 성찰해야 합니다.

왜 이렇게 노동운동이 약화되었는지, 학생운동은 왜 무너졌는지, 진보 정당 운동이 왜 저렇게 지리멸렬해졌는지 그 이유에 대해 말이죠. 저는 그래서 철수와영희 출판사에서 진보 재구성에 관한 책을 두 권[9] 출간했는데 아직 부족하죠. '대자보'의 기획 취지이기도 합니다.

9) 『그대 무엇을 위해 억척같이 살고 있는가?』(철수와영희, 2012), 『박현영 트라우마』(철수와영희, 2013)

지승호 : 말씀하신 대로 이번에 철도 파업을 지켜보면서 뭔가 살아 있다는 느낌이 들었지만 결국은 마지막에 밀렸고요. 민영화를 밀어붙였던 정부와 사측은 '밀리면 안 된다고 버텼는데, 결국은 이겨냈다'고 하더라고요. 파업을 주저앉혔다는 거죠. 보수 진영에서는 "우리가 대한민국을 지켰다." 이런 표현을 하던데요. (웃음) 그때 철도 민영화와 함께 의료 민영화가 이슈화되었지만 파업을 멈추면서 수그러든 것 같아요. 박근혜 정부의 각종 민영화 정책에 대한 비판적 논의가 수면에 올라왔다가 다시 가라앉은 느낌이에요.

2부
진보의 자기 돌아보기

손석희는 왜 종편을 택했나?

손석춘 : 파업을 철회한 철도노조에 대해 비판하는 사람이 적지 않더군요. 그런데 저는 사실 그런 판단에 유보적이에요. 제가 언론노동조합 일을 했으니까. 2012년 MBC 노동조합의 파업을 예로 들어보죠. 당시 김재철 사장이 4대강 관련 보도를 막고 미국산 소고기의 광우병 위험성을 경고한 PD수첩에 대해 부당한 징계를 하는 등 방송의 공정성이 크게 흔들리는 상황이었습니다. 저도 〈미디어 오늘〉을 통해 MBC의 색채가 변질되고 있는 것에 대해 심각하게 문제를 제기했습니다. 하지만 MBC 노동조합이 파업 투쟁에 들어갈 때 선뜻 박수를 못 치겠더군요. 소모적인 싸움이 될 것 같았거든요. 실제로도 그렇게 됐고요. 그 과정에서 상처가 너무 깊었습니다. 공정 방송을 외치던 수많은 사람이 해고되었습니다. 파업 때문에 대체 인력으로 들어갔던 이들이 정규직이 되면서, MBC의 인적 구성이 크게 달라졌어요. 결과적으로 파업 이전보다 상황이 나빠졌습니다.

왜 제가 이런 얘기를 하느냐면 현실의 역량에 맞지 않게 문제를 풀어가는 것은 모험주의잖아요. 그래서 MBC가 몇 달씩 파업을 할 때, 과거 전국언론노조를 책임지던 사람으로서 당연히 현장에 갔어야 했는데 못 갔어요. 과연 파업이 무엇을 얻어내고 얼마나 지속할 수 있을지에 대해 확신이 들지 않았어요. 저도 〈한겨레〉 노조위원장 시절에 파업 신고까지 했지만, 저라면 다른 형태로 MBC 경영진을 압박해갔을 것 같아요. 요컨대 제가 하고 싶은 이야기는 조직의 역량을 보존해가면서 싸워야 한다는 것입니다. 말씀하신 대로 만약 철도 파업이 계속 갔다면, 상당히 많은 사람이 해직됐을 거라고 봅니다. 그래서 끝까지 파업 깃발을 내리지 말아야 한다고 쉽게 얘기를 못 하겠어요. 노조 집행부를 비판하는 분들도 쉽게 얘기하는 건 아니겠지만, 저는 '철도노조가 너무 쉽게 타협했다'고 얘기 못 하겠어요.

중요한 건 앞으로겠죠. 예를 들면, 지금부터라도 조합원을 대상으로 학습 모임을 만들어가고, 그래서 노동자 의식을 강화시켜 나가고, 그랬을 때 다음에는 훨씬 더 좋은 성과를 거둘 수 있을 거라고 생각합니다. 저는 철도노조가 얻어낸 게 없다고 생각하지 않거든요. 다음에 또 민영화 국면이 오면, 더 강력한 파업을 할 수 있도록 지금부터 일상적인 투쟁을 해가야 옳다고 생각해요. 현장 동력이 중요합니다. MBC의 경우에도 파업에 돌입하기보다는 구성원들이 모여서 학습도 하고 토론도 하고 그러면서 구성원들 전반의 의식을 바꿔나가는 길을 모색했어야 옳지 않았을까 싶은 거죠. 몹시 안타까워요. 참 좋은 여건을 가진 공영방송이었는데, 뜻있는 사람들이 너무 많이 나갔지요.

지승호: 손석희 아나운서의 JTBC 행은 어떻게 보세요?

손석춘: 사람들이 JTBC 얘기를 많이 하잖아요. KBS나 MBC 같은 지상파에 비해 공정하다고 말이죠. 〈한겨레〉, 심지어 〈민중의 소리〉, 〈프레시안〉도 그렇게 얘기하는데, 저는 위험하다고 생각해요. 그렇게 판단하는 배경에는 보도국 총괄사장으로 부임한 손석희의 영향이 큰 거 같아요. 하지만 그렇게 해서 JTBC가 괜찮은 방송으로 평가받는 게 좋은 일일까요? 이를 두고 이상호가 손석희를 비판합니다. MBC라는 공영방송에서 얻은 자산을 가지고 JTBC 품에 안겼다고 말이죠. 저는 그 얘기가 맞다고 생각해요.

한번 상상해볼까요? 만일 손석희가 〈뉴스타파〉로 옮겨갔다면 어땠을까요. 그랬다면 〈뉴스타파〉에 엄청난 기부금, 후원금이 몰렸을 거예요. 그런데 그렇게 하지 않았거든요. 이상호는 지금 어려운 길을, 최근에 해직 무효 판결은 났지만, 어쨌든 어려운 길을 가고 있거든요. 문제는 〈한겨레〉, 〈프레시안〉, 〈민중의 소리〉 같은 진보 매체들마저 이상호보다 손석희를 부각시키는 건 좀 아닌 것 같아요. 이상호가 법원으로부터 해직 무효 판결이 났을 때, 기자들 앞에서 MBC에 들어가서 공영방송을 위해 싸우겠다고 다짐하는 모습을 보면서 많

은 생각이 들었습니다. 어려운 환경에서 싸우는 사람에게 좀 더 힘을
실어주어야 하지 않나 싶어요.

> **지승호**: 그럼에도 손석희 사장의 JTBC 행과 9시 뉴스 진행에 대해
> 서 긍정적인 평가가 있지 않습니까?

손석춘: 잘하고 있다고 생각하는 사람이 많죠.

> **지승호**: 그나마 볼만한 뉴스라고 생각하고, 콘텐츠도 좋고 객관적인
> 보도를 하고 있다는 생각이 드는데요. MBC, SBS, KBS가 다 제대로
> 보도하지 않는 상황에서 굉장히 칭찬을 받고 있는 것 같습니다.

손석춘: 그와 관련해서 우리가 생각해보아야 할 게 있어요. 지금은
그럴 수 있다 하더라도 어느 정도 위상이 잡히면, 그다음에 어떻게
될까요? 지배 구조상 JTBC는 결국 삼성의 영향권에서 벗어나지 못
할 텐데요. 냉정하게 생각해보면 지금 JTBC에서 하는 이야기는 〈한
겨레〉, 〈프레시안〉, 〈경향신문〉 같은 매체에서도 합니다. 그동안 몰랐
던 전혀 새로운 뉴스가 아니잖아요. 저는 손석희의 JTBC 뉴스 보도
가 현재 보여주는 모습에 의미가 없다고 생각하지는 않아요. 하지만
거기에 과도한 의미를 부여하는 건 문제라는 거예요. 오히려 열심히
그리고 꾸준히 싸워온 매체들의 영향력을 넓히는 데에 관심을 둬야
한다고 생각합니다.

> **지승호**: JTBC의 행보에 대해 지금 시점에서는 박수를 쳐줘야 한다
> 고 생각하지만, 말씀하신 것처럼 경계도 필요하다는 생각이 듭니다.
> 자본이 손석희 아나운서의 이미지를 이용하는 거라면 방송이 자리
> 가 잡히면 손석희와 결별할 수도 있어요. 손석희가 그동안 일구어놓
> 은 자산은 그대로 JTBC에 남을 거고, 결국은 방송이 자본의 힘을 강
> 화시키는 데 쓰일 가능성도 분명히 있는 거고요.

손석춘: JTBC가 당장 다음 대선에서 과연 새누리당 후보가 아닌 쪽을 지지할 수 있을까요?

지승호: 삼성은 참여정부 때도 좋았으니까 문재인을 지지할 수도 있겠죠. (웃음) 오히려 자유주의 정권하고 더 잘 지낼 수 있어요. 군사정권에 대한 트라우마도 있고요. 권위적인 보수 정권보다는 명분도 맞고, 배짱도 맞는, 그러면서 충분히 자본이 포섭할 수 있는 자유주의 정권이 더 입맛에 맞을 수도 있을 것 같습니다.

손석춘: 그럴 수도 있겠네요. 하지만 저는 이 나라의 자본이 그 정도라도 '개명'되었다고 판단하지는 않습니다. JTBC도 그렇고요.

이석기-소통 없는 진보의 그림자

지승호: 네, 그럼 이번에는 대학에 대해 이야기해보겠습니다. 아까 학생운동 얘기를 잠시 하셨는데요. 현재 학생운동이 침체되었다는 것은 부인할 수 없는 사실인 것 같습니다. 최근 '안녕하십니까?'라는 대자보가 유행했었는데요, 이러한 움직임이 대학 내의 분위기를 바꿀 계기가 될 수 있다고 보시는지요. 학생운동이 다시 일어설 수 있을 거로 생각하십니까?

손석춘: 아시다시피, 지금 대학이 기업화되어 있잖아요. 2000년대들어 이러한 현상이 가속화했지요. 여기에는 김대중·노무현 정부의 책임이 큽니다. 노무현 대통령은 대학도 산업이라는 얘기까지 했어요. 지금 대학은 상업화되어 있어요. 교내에 쇼핑몰까지 들어와 있잖아요. 그렇다고 해서 대학생들이 그런 현실에 안주하기만 하는 것은

아닙니다. 기본적으로 배움에 대한 갈망이 있잖아요. 현실의 모순과 마주하지 않을 수가 없어요. 하지만 그들에게 문제를 풀어나갈 수 있도록 조언하고 가르칠 사람이 없습니다. 2000년대에 들면서 1980년대 민주화운동 국면에서 대학에 들어간 진보적 교수들이 정년 퇴임을 하기 시작했어요. 김수행 교수, 김세균 교수, 최장집 교수, 그런 분들이 대표적입니다. 그분들 후임으로 과연 비슷한 사람이 이어가고 있느냐를 짚어볼 필요가 있어요.

그래도 희망은 있다고 생각해요. 그 중심에는 다름 아닌 학생들 자신이 있습니다. 저 역시 대학에서 강의를 하고 있습니다만, 한 학기 수업을 하고 나면 눈빛들이 달라져요. 이를테면 이런 거죠. 지난 학기 끝나고 한 학생으로부터 이메일을 받았어요. '안녕하십니까?'라는 대자보가 걸린 직후에 서울역 앞에 대학생 300여 명이 모였잖습니까? 이메일을 보낸 학생이 그때 친구 다섯 명과 함께 참석했는데 모두 제 수업을 받은 학생들이라는 말을 해요.

저는 희망과 더불어 무거운 책임감을 느꼈습니다. 민주주의를 경험한 선배들의 역할이 필요한 거예요. 이명박과 박근혜만을 비판하는 식이 아니라 학생들에게 판단할 수 있는 가치들을 설명하고, 스스로 생각하게끔 해주어야 합니다. 그런 게 사실은 진짜 공부잖아요. 오늘날 대학에서는 보기 어려운 문화입니다. 학생들 속으로 들어가 그들에게 무엇이 문제인지 성찰하고 학생들 스스로 판단하게끔 도와주는 교수들이 많지 않아 보입니다.

그래서 저는 요즘 대학생들은 희망이 없다고 말하는 교수들의 견해에 동의하지 않습니다. 짧지만 저는 경험상 노력하면 변화가 분명히 있다고 생각합니다. 학생들과 진실과 정의에 대해 진지하게 이야기를 해나가면 달라지는 게 보여요. 그런 점에서 저는 학습 모임을 제안하고 싶어요. 지금 대학뿐만 아니라 노동조합 같은 곳도 내부에 학습 모임이 서서히 사라져가고 있거든요. 70, 80년대 민주화 운동이 6월 항쟁으로 결실을 맺기까지 대학가의 학습 모임이 큰 역할을 했습니다. 학습이 학생들의 생각을 많이 바꿨어요.

감정적으로 이명박, 박근혜를 욕하는 단계를 넘어서야 합니다. 그러려면 지난 민주 정부의 문제점을 인식하고 지금을 넘어 새로운 시대를 준비해나가는 그런 모임들이 활성화되어야 해요. 학습과 토론이 활발해져야 합니다. 대학과 노동, 각 사회 현장에서 열심히 공부하고 소통해야 해요. 이명박이나 박근혜만 소통이 안 되는 게 아닙니다. 진보운동 세력 내부에서도 소통이 안 되고 있어요.

지승호 : 진보 세력의 소통과 관련해서 한 가지 질문을 드리겠습니다. 통합진보당 이석기 의원 사태[10]를 어떻게 보시나요? 정권에서는 사태를 지하조직의 반정부 내란 음모로 몰고, 이어서 통합진보당 해산까지 시도하는 상황인데요.

10) 이른바 RO 조직원 130여 명과 가진 비밀 회합에서 국가 기간 시설을 파괴하고 인명 살상을 모의했다는 혐의로 기소된 사건을 말한다. 2013년 9월 26일 수원지검 공안부는 형법상 내란 음모 및 선동, 국가보안법상 찬양 고무(이적 동조) 등의 혐의로 이석기 의원을 기소했다.

손석춘 : 통합진보당 사태, 이석기 사태를 말하기에 앞서 잠시 진보 정당 운동 전체를 짚어보겠습니다. 제가 진보대통합 시민회의에서 일할 때의 경험을 말씀드릴게요. 사실 저는 사람들을 만나거나 모임을 조직하는 능력이 별로 없어요. 그럼에도 불구하고 2010년에 시민운동가들과 함께 진보대통합 시민회의를 만들어서 공동으로 대표를 맡았습니다. 당시 갈라져 있던 민주노동당, 진보신당, 진보적 시민운동을 아우르는 새로운 진보 정당을 만들자는 게 목표였습니다. 처음에는 순조롭게 추진됐어요. 정당과 시민단체들이 참여한 진보 대통합 연석회의가 꾸려지고 합의문까지 나왔어요. 그러다가 상황이 틀어지기 시작합니다. 여기에는 당시 민주노동당 당권파들의 책임이 크다고 저는 생각해요. 지금 통합진보당의 당권파들이죠. 그들은 민주노동당-진보신당의 합당보다 유시민 씨의 국민참여당과의 합당을 먼저 생각하고 서두르더라고요. 저는 그래선 안 된다고 얘기하고 글도 썼죠. 민주노동당과 진보신당이 먼저 결합하여 하나의 당이 되는 게 우선이라고 말이죠. 그 후에 다수결로 표결하든, 충분히 논의

를 거쳐 합의하든, 국민참여당과의 통합 여부를 판단해도 충분하다고 얘기했습니다. 그러나 민주노동당 당권파들의 생각은 다르더군요. 계속 국민참여당과의 통합을 서둘렀습니다. 결국 진보신당은 물론 진보적 시민운동가들도 끌어들이지 못했어요. 그나마 참여한 게 참여연대 협동사무처장이었던 박원석 씨인데요. 그렇게 탄생한 반쪽짜리 통합진보당은 2012년 4월 총선에서 좋은 성적을 거두지 못합니다. 의원 수가 늘어났다고는 하지만, 영남 지역의 노동운동 벨트에서는 한 사람의 당선자도 내지 못했어요. 오히려 계파 간 갈등이 깊어졌지요. 총선 이후 비례대표 문제로 국민참여당 계열과 민주노동당 계열이 갈라섭니다. 그래서 결국 당이 다시 쪼개지죠. 당권파의 이익을 중심에 둔 섣부르고 성급한 통합이 낳은 필연적 결과라고 생각해요.

제가 왜 그 얘기를 하느냐 하면, 이석기가 당시 국민참여당과의 합당에 가장 적극적으로 나섰던 사람입니다. 사실 이석기는 대중운동에 나섰던 사람이 아니에요. 통합진보당에서 열심히 일했던 사람들조차도 처음 봤다는 사람들이 있더군요. 이 이야기는 뭐냐 하면, 민주노동당 당권파, 그리고 통합진보당의 당권파들이 전체 민중의 이익보다는 자기들 계파의 이익을 우선시한 게 아니냐는 거예요. 그 결과는 비참했습니다. 통합 후 치러진 4월 총선에서 목표로 한 20석 확보에 실패한 건 물론이고 선거 직후에 온 갖 볼썽사나운 모습을 내보이며 당이 쪼개집니다. 국민에게 기존 정치인과 다른 게 뭐가 있느냐는 지탄을 받습니다. 특히 당의 공식 행사에서 일어난 폭력 사태[11]는 정말 개탄스러운 일이었습니다.

11) 2012년 5월 12일 통합진보당 중앙위원회에서 발생한 폭력 사태. 부정 경선에 대한 책임을 두고 이정희, 심상정, 유시민 공동 대표가 일괄 사퇴하는 과정에서 당권파들이 반발하면서 지도부가 집단 폭행당했다.

그리고 마침내 이석기 사건이 터지죠. 저는 이석기 씨가 내란 음모를 했다고 생각하지 않고, 그럴 힘도 없다고 봅니다. 하지만 이 사건이 통합진보당 당권파들이 국민과의 소통을 얼마나 잘못하고 있는가를 보여준다고 생각해요. 그들이 이 점에 대해 진지하게 생각해보

면 좋겠어요. 그렇지 않으면 한국 정치에서 내내 소수파로 남을 수밖
에 없습니다. 그건 그들이 언제나 대변한다고 주장하는 민중과 민족
에 대해 돌이킬 수 없는 과오를 저지르는 '실천'입니다.

지승호 : 당시 통합진보당 당권파들 사이에는 유시민, 심상정, 조준
호 씨 등에 대한 배신감이 있었던 것 같습니다. 수적으로 우위에 있
기도 했고, 기껏 유명 정치인으로 밀어줬더니 종북 세력이니 뭐니 하
면서 뒤통수를 쳤다는 거예요.

손석춘 : 그쪽 입장에서는 그렇게 생각할 수도 있겠지만, 책임 있는
정치 세력의 자세는 아니라고 봅니다.

지승호 : 죽이 되든 밥이 되든 일단 합치고 보자 했다가 결과적으로
다 망한 셈인데요, 어쨌든 선생님은 대동단결론자로서 진보 진영이
한데 뭉쳐야 한다는 생각을 가지고 계시지 않습니까. 그게 당위인데,
현실적으로 그걸 가로막는 것이 많은 것 같습니다. 학생운동 시절부
터 NL(민족해방), PD(민중민주)가 나뉘어 서로 싸웠지요. 그때부터 감정
대립이 있었다고 생각합니다. 과거부터 그래도 우리가 이기려면 어쩔
수 없이 합쳐야 하는 거 아니야, 하면서 합쳤다가 다시 흩어지는 과
정이 반복되었고요.
　한 번 엎질러진 물은 주워담을 수 없고, 그릇에 금이 가면 때워도
남습니다. 재결합도 한 번은 가능할지 몰라도, 두세 번 헤어지고 나
면, '또 똑같은 이유로 헤어질 거야. 차라리 안 만나는 게 났지.' 이런
상태가 되지 않을까요.
　이를 극복하는 방법은 무엇이 있을까요? 주장하시는 것처럼 진보
진영이 하나로 힘을 합치지 않으면 한국 사회의 문제를 해결하기도
어렵고, 현실적으로 선거에서 의미 있는 성과를 내기도 어렵습니다.

파벌이 진보를 죽인다

손석춘: 학생운동이나 노동운동의 재건이 필요하다고 생각해요. 또한 다양한 형태의 주민운동, 시민운동이 생겨야 합니다. 다시 한 번 강조하지만, 그러려면 학습이 필요해요. 스웨덴의 경우를 보더라도 그래요. 그들이 복지국가를 이룰 수 있었던 밑바탕은 학습 모임이거든요. 스웨덴은 자신들의 민주주의를 일컬어 '스터디서클 데모크라시'라고 서슴없이 표현합니다. 지금도 학습 모임들이 잘 이루어져 가고 있고요.

우리는 대학이나 노동조합에서 학습 모임을 찾을 수 없습니다. 책 읽고 토론하는 문화가 안 되어 있는 것 같고요. "학습하라, 선전하라, 조직하라"라는 노동운동가 리프크네히트의 유명한 구호가 있잖아요. 그런 것들이 다시 필요하다는 생각이 들어요. 그런 기층 운동과 동시에, 진보 대통합도 저는 여전히 필요하다고 생각을 합니다. 왜냐하면 아래에서 해나가는 것 못지않게, 위에서도 뭔가를 만들어나갈 때 시너지 효과가 있기 때문이죠. 당장 올해 6월 지자체 선거를 앞두고는 진보 통합 얘기가 나올 수도 없고, 성급하게 나와서도 안 되지만, 적어도 다음 총선 전까지는 국민 앞에 통합되어 있는 진보 정당으로 거듭나야 할 것 같아요.

한 2년 조금 넘게 남아 있는 건데요, 진보 정치 세력이 거듭나려면 기층의 요구가 있어야겠죠. 아래로부터의 압박이 필요해요.

제가 최근에 제주도에서 정의당이 주최한 행사에 강연하러 갔었어요. 거기서 남편은 정의당이고, 아내는 진보당인 부부를 만났습니다. 이해 안 되죠? (웃음) 정치적 견해가 달라 어려움은 없느냐고 했더니, 아니래요. 서로 그냥 얘기 안 하고 자기 할 일을 한대요. 이를테면 이런 거예요. 농민운동을 하는 아내는 지금 진보당이 좋지는 않지만 그렇다고 다른 정당으로 옮겨가기도 싫고, 소위 '스타 명망가들'은 꼴도 보기 싫고, 그래서 남아 있는 거고요. 남편은 그동안 다른 운동을 조직해온 사람인데 정의당에 가서 다시 조직 담당을 하고 있다고 해요. 그래서 저는 그랬어요. 제주도에서 먼저 통합 정당을 만들자. 육지 사람들한테 맡겨두지 말고 제주도에서 먼저 새 바람을 불러일으켜서 저 육지를 압박하면 어떻겠냐고 했어요. 한 줌도 안 되는 진보 세력이 진보당, 정의당, 노동당, 녹색당, 이렇게 나뉘어 있는 것이, 저는 이건 아니라고 생각하고요. 풀어나가는 사람들이 반드시 나타날 수밖에 없다고 봅니다.

지금 정치 전면에 나서 있는 사람들은 앙금이 많이 남았기에 결합이 어려울지 모르겠지만, 기층에 있는 사람들이나 그 기층 위의 초급 간부들은 사실 그렇게 나뉘어 있을 것 같지 않아요. 그러니까 적절한 정도의 실사구시에 바탕을 둔 이념적인 지향, 정책 대안, 이런 걸 중심으로 모인다면, 다음 총선 전에는 그런 움직임이 자연스럽게 생기지 않을까 싶어요. 그때 잘해야겠죠.

진보대통합 시민회의를 시작할 때 이학영 당시 전국YMCA연맹 총무가 이런 얘기를 했어요. "한국의 진보적인 시민운동가 10명 정도만 합류한다면 정치를 바꿀 수 있다." 저는 가능하다고 생각했어요. 그래서 창립할 때 함께 공동대표를 맡았죠. 그런데 진보적 시민운동가들이 끝내 참여하지 않더라고요. 민주당의 자장(磁場)은 역시 크더군요. 이학영 대표마저 지금 민주당 국회의원을 하고 있잖아요.

통합 세력의 탓도 큽니다. 통합진보당이 출범하면서 이학영 대표 같은 사람을 불러들일 여건도 안 만들었어요. 기억나시나요? 그때 통합하면서 각자 지분을 정했어요. 민주노동당 비율이 50퍼센트, 저기 몇 퍼센트, 여기 몇 퍼센트 해서 그들끼리 100퍼센트예요. 그런 식으로 통합하니까 외연이 넓어지지 않는 거죠. 그래서 저는 진보적 시민운동가들이 새로운 진보 정당을 만드는 데 나서 주었으면 하는 생각이 지금도 커요. 그런데 그 사람들을 어떻게 설득할 수 있을까가 고민이에요. 그때도 설득이 안 됐거든요.

지승호: 말씀하신 것처럼 이렇게 자기들끼리 지분을 정해놓고 다른

사람들이 들어올 여지를 안 주니까 못 오는 거잖아요. 게다가 의심이 많아요. (웃음) 선명성을 따집니다. 당신은 우리에게 필요한 사람이니 함께 일하면서 마음을 맞춰갑시다. 이래야 하는데 의심부터 합니다. '저 사람이 들어오면 우리를 망치지 않을까?' 그래서 자꾸 테스트를 해요. 당신이 여기 들어와서 뭘 할 건지 얘기하라고 하면서 말이죠. 진보 진영 내에는 이런 분위기가 있는 것 같습니다. 진보적인 활동가들에게 기본적으로 존경심을 가지고 있는데, 이와는 별개로 같이 뭘 하기에는 불편하다는 느낌도 있고, 이질감이 느껴지는 부분이 있거든요.

손석춘: 그런 게 있죠. 과거 학생운동 시절로 돌아가 보면 비슷한 사례를 발견할 수 있습니다. 학생 운동권이 1987년 6월 항쟁을 이끌었잖아요. 그중 민족해방운동 세력이 다수였다는 것은 잘 알고 계실 겁니다. 소위 'NL'이라고 부르죠. 통합진보당의 당권파의 성향도 이들과 비슷해요. 이들이 가지는 장점 중 하나가 '대중성'이었습니다. 대중과 함께 호흡해나가면서 운동을 해나가야 한다는 것을 철칙으로 삼았죠. 그런데 그런 정신을 지금은 왜 잃어버렸을까요. 제가 묻고 싶은 것은 그겁니다. 정말로 대중성을 존중하고, 무엇보다 민중의 이익을 우선시한다면 지금 무엇을 해야 할지, 그 부분에 대한 성찰이 필요하잖아요. 그런데 통합진보당, 과거 민주노동당 당권파들의 모습을 보면 전혀 그렇지가 않아요.

정치적 이해관계, 통합되었을 때 자기의 이익이 어떻게 될까. 이런 것들을 우선시하다 보니 큰 그림을 그리지 못합니다. 이러한 한계를 극복해야 합니다. 제가 만난 현장 운동가들은 이렇게 말해요. 지금 진보 정치인으로 표면에 나선 사람들은 이선으로 물러나야 한다고 말이죠. 현실적으로 어려운 일이긴 합니다만.

지승호: 복잡한 문제인 것 같습니다. 진보 정치 세력으로선 그동안 여러모로 노력해서 대중적 명망가를 만들었는데, 그걸 자산으로 삼

지 않고 은퇴하라고 요구할 수도 없는 노릇이고요.

손석춘: 제가 하고 싶은 얘기는 이겁니다. 기층에서 나오는 이야기를 지금의 진보 정치인들이 경청했으면 좋겠다. 정말 자신들이 정말 민중과 민족을 생각하고, 우선시하고 있는지 돌아보고 성찰했으면 좋겠다는 겁니다.

지승호: 진보 정치인이 훌륭한 건 맞지만, 다른 기성 정치인과 근본적으로 다른 게 뭐냐 하는 이야기도 나옵니다.

손석춘: 네. 그런 비판이 많습니다. 특히 통합진보당 분당 사태 때 여실히 드러났죠. 그때 등 돌린 사람들, 국회의원들, 그들이야말로 사실은 진보운동의 성과잖아요. 그들이 자신들의 대중성과 명망을 던졌으면 좋겠어요. 자기 이익이 아니라 당의 외연을 넓히고 발전시키는 데 말이죠. 그래서 진보 정치가 수권 정당을 꾸릴 수 있도록 하자는 겁니다. 저는 그게 기층 민중들의 요구라고 생각해요.

지승호: 잠시 다른 얘기를 해보겠습니다. 제가 작년에 가장 인상 깊게 본 영화 중 하나가 〈관상〉인데요. 김내경이란 관상가가 수양대군의 거사에 휘말리면서 얘기가 전개됩니다. 여러 인물이 등장하는데 저는 특히 한명회가 굉장히 인상 깊더라고요. 한명회라는 인물이 말단 관리였지 않습니까? 말단 수문장이었는데, 수양대군이 이 사람을 쿠데타의 브레인으로 발탁해요. 영화에서 한명회는 계속 가면을 쓰고 다니거든요. 그게 상징하는 게 자신을 드러내지 않고, 숨어서 뭔가를 꾸미는 책사였다는 건데, 쿠데타가 완전히 성공한 다음에야 비로소 얼굴을 드러냅니다. 영의정, 좌의정, 다 불러들여서 "그동안 잘들 사셨죠?" 하면서 살생부를 휘두르는 장면입니다.

저는 이 영화를 보면서 생각했습니다. 당시 하급 관리에 불과했던 한명회 같은 사람을 수양대군이 그랬듯이, 진보 진영에서 쓸 수 있을까? 하고 말이에요. 지금 같으면 내부에서 반대가 심할 겁니다. "문지기 출신, 한명회잖아. 운동은 해봤어? 도대체 어느 학교 출신이야?" 이런 식으로 말이에요. 한명회가 훌륭한 정치인이었느냐, 수양대군이 정치를 잘했느냐, 못했느냐를 떠나서 한번 생각해볼 필요가 있을 것 같더라고요.

진보 진영은 한명회 같은 훌륭한 책사를 쓸 수 있을까요? 혹은 그런 사람을 알아볼 수 있는 눈이 있을까요? 수양대군이 쿠데타를 꿈꿀 당시 그의 주변에는 사람이 별로 없었지 않습니까? 역사를 보면 수양대군은 야심만 있었지, 구체적으로 이를 실행할 두뇌가 없었습니다. 게다가 두려움도 컸고요. 야심을 들키자 죽은 목숨이다 싶어 목숨 걸고 쿠데타를 일으켰을 거고요. 수양대군이 위기에 빠졌을 때 한명회가 아이디어를 냅니다. 활쏘기 대회를 열라고 말이죠. 그러면서 당시 왕자 신분이던 수양대군이 대회에 참가한 양아치나 한량들과 어울립니다. 당시로선 상당히 파격적인 거예요. 내 사람을 만드는 데 출신 따위는 중요하지 않다는 겁니다. 그렇게 사람들을 하나씩 끌어모으지요. 한명회의 제안을 받아들였던 수양대군에겐 그런 정도의 배짱과 안목이 있었던 겁니다. 결국은 왕이 되잖아요.

한명회 역시 평생 네 명의 왕을 모시면서 승승장구합니다. 이 사람은 목적을 달성하기 전까지 철저하게 자기를 숨겼고, 불리한 상황에서도 정세를 정확하게 분석했습니다. 그리고 기회가 왔을 때 목숨 걸고 과감하게 행동했지요. 지금 한국의 진보 진영이 배워야 할 점이지 않나 싶습니다. 실력 위주로 사람을 발탁하거나, 상대방의 장점을 객관적으로 보는 것 등이 필요해요. 한명회 같은 이를 수구 정치인이나 기회주의자라며 간단하게 무시하고 넘어가서는 안 됩니다. 배워야 해요. 설령 보수·수구 세력이라 해도 상대의 장점을 파악해야 극복도 가능하지 않을까요.

손석춘: 그렇죠. 능력 있는 사람들이 진보 진영에 많이 생겨야 해요. 그러려면 조직 운영이 공개적이고 투명해야 합니다. 지난 독재정권의

엄혹한 시절에 전국연합이 있었잖아요. 지금도 지역별로 분리되어 활동하고 있습니다. 경기 동부, 인천, 울산이 있고, 광주·전남도 세력이 커졌다고 알고 있어요. 저는 지금도 왜 그들이 비공개조직으로 활동하는지 이해를 못 하겠어요. 조금 전에 얘기하신 것처럼 사람을 실력에 따라 발탁하려면 문을 열어야 하잖아요. 예전에 민주노동당 활동을 하던 한 분이 제게 폐쇄적인 조직 운영에 대해 토로한 적이 있습니다. 당에서 인선하는데, 그 와중에 계파가 작용을 한대요. 의원 수도 몇 명 안 되는 상황에서 말입니다. 이거는 문제잖아요. 우리가 지역감정이다, 혈연·지연 정치다, 하면서 기성 정치를 비판하는데 다를 바가 없잖아요. 그러다 보니까 계파 간 갈등이 생기고 결국 쪼개지는 거죠.

북한과 종북 그리고 내란 음모

지승호: 과거 엄청난 탄압을 받았었기에 조직을 지키는 게 중요했던 역사적 맥락도 이해가 안 가는 것은 아닙니다. 실력보다는 믿을 수 있는지, 그 사람의 됨됨이나 품성을 볼 수밖에 없었지요. 하지만 그건 옛날 얘기 아닙니까. 시대가 바뀐 만큼 그런 진보 진영의 낡은 관습도 바뀌어야 한다고 생각합니다. 이석기 사태도 그런 구시대적인 운동권 문화가 빚어낸 비극이라고 생각합니다. 과거 지하에서 운동하던 사람들이 그 방식 그대로 의회라는 제도권에서 활동하려다 보니 벌어진 일인 거죠. 준비가 안 되어 있었던 겁니다. 결국 낡은 방식을 고집하다가 국민을 설득하기는커녕 오히려 등을 돌리게 했다고 생각합니다.

게다가 보수 정권에는 아주 좋은 빌미를 제공했지요. 모든 정치적 이슈가 내란 음모, 이석기 등으로 빨려들어 갔잖아요. 사실 이석기 씨가 슈퍼맨도 아니고, 거기 모인 사람들도 대한민국을 망가뜨릴 정도로 대단하지 않잖아요. 보수 세력도 그 사실을 잘 알고 있을 거예요. 일단 터뜨려놓고 이용하는 겁니다. 정권에서 친북 프레임을 만들고, 조중동이 펌프질하면서 여론을 조장하잖아요. 이석기를 사상검증의 바로미터처럼 사용하면서 정치적 반대 세력을 공격합니다.

손석춘: '이석기 내란 음모 사건'으로 진보 정당, 진보 진영 자체를 완전히 망가뜨려 놓았죠.

지승호: 극복하려면 많은 시간과 노력이 들 겁니다. 진보 진영 전체가 무능하고 시대착오적인 종북 집단이라는 이미지로 덧씌워져 버렸어요.

손석춘: '종북' 문제에 대해서는 좀 더 이야기를 나눌 필요가 있는 것 같아요. 대학생들하고 이야기를 나누다 보니까 북한 문제에 대해서 민감하더라고요.

지승호: 현실적으로 전쟁의 위협이 있으니까요. 보수 언론에서는 북한은 믿을 수 없다면서 불안을 조장하고요. 북한 정권에서는 잊을 만하면 '전쟁 불사' 발언을 합니다. 실제로 2010년도에는 연평도를 포격하기도 했고요.

손석춘: 연평도 사건에 대해 당시 북한의 상황을 이해해야 한다는 식의 논리에 동의할 수 없습니다. 일전에 정의구현사제단 박창신 신부의 강론 가운데 연평도 사건을 언급한 부분이 대서특필된 적이 있죠. 물론 수구 언론에서 전체 내용을 거두절미하고 그 부분만 강조해서 보도한 측면도 있습니다. 민주화운동에서 고초를 겪으셨던 박 신부님이 정작 강조한 국정원의 대선개입은 전혀 부각되지도 못했죠. 하지만 본의가 아니었겠지만 안타깝게도 빌미를 준 측면이 있어

요. 민감한 대목을 이야기할 때는 조금 더 신중해야 옳다고 봅니다. 우리가 진보를 이야기할 때 같은 민족이니까 북한의 모든 것을 이해하자는 식의 담론은 이제 벗어나야 하지 않을까 싶어요.

정의구현사제단이 그렇다는 이야기는 전혀 아닙니다만, 저는 이참에 진보 진영에 있는 분들에게 진솔하게 제안하고 싶습니다. 레드 콤플렉스에 젖어 있는 우리 국민들 사이에는 진보 진영을 바라볼 때 "너희가 추구하는 세상이 대체 어떤 세상이냐? 북한과 같은 정치경제 사회를 만들려고 하느냐?"라는 의혹의 시선이 있어요. 많은 사람이 그런 의문을 갖고 있고 저는 그런 물음을 던지는 게 당연하다고 생각해요. 그리고 그런 물음에 분명하게 답해야 옳다고 생각합니다. 진보 진영 가운데 지금의 이북식 정치경제 체제를 긍정적으로 보는 사람들이 있다면, 저는 그들에게 철저한 성찰이 필요하다고 생각해요. 만약 그렇지 않다면, 그런 오해를 불식시키기 위해서라도 열심히 노력해야 옳다는 거죠. 그게 국민 대중과 눈높이라는 NL의 가치와도 맞는 것 같고요. 그렇게 해야 운동이 살아나요. 북에 대해 더러는 확신을 가진 사람들도 있다고 생각해요. 그거야 개인적 신념이니 어쩔 수 없죠. 하지만 그 신념을 현실로 만들겠다고 나서면, 진보정치 운동에 바람직하지 않다고 봅니다. 대중정당에 나선 사람들은 적어도 우리가 지향하는 정치경제체제가 이북식 체제가 아니라는 것에 대해서는 충분히 이야기해야 합니다.

지승호 : 배우 김의성 씨가 트위터에 쓴 것처럼 아주 단순하게 얘기하면 될 것 같아요. "우리가 박근혜 시대도 못 견뎌서 죽겠는데, 어떻게 김정은 체제를 견디냐?" 하고요. 그런데 그 양반이 바로 영화 〈관상〉에서 한명회 역할을 맡았던 사람이에요. (웃음)

손석춘 : 우리 사회를 뒤흔든 이석기 문제도 결국 대북 문제와 이어져 있습니다.

지승호 : 사건이 앞으로 어떻게 진행될 거라고 보십니까? 말씀하신 것처럼 과거 운동권의 문화도 그렇고 보수 정권에 빌미를 줄 만한 발언을 한 것은 사실이에요. 따라서 국정원의 국면 전환용 기획 수사였다는 식으로 간단히 정리하고 넘어가기는 어려울 것 같은데요. 보수 진영도 마찬가지일 것 같습니다. 어떻게든 자신들에게 유리하게 이용하려고 할 테니까요.

제가 보수 진영에 부탁하고 싶은 것은 그렇다 하더라도, 제발 당당하라는 겁니다. 보수라면 당당하고 자신감이 있어야 하잖아요. 유기농 포크 가수 '사이'의 말을 빌리면 "몰래 그러지 말고 〈화성인 바이러스〉 같은 TV 프로에 한번 나가봐라. 국민이 어떻게 생각하는지 들어봐." 이런 정도의 여유가 있어야죠. 혁명하고 싶어? 혁명가 대우받고 싶으면 무기라도 구해놓던가, 그때 구속해주마, 이런 배포는 있어야 보수잖아요.

알제리 해방운동을 지지하는 사르트르를 손봐주자는 측근의 말에 "놔둬, 그도 프랑스야"라고 말했던 드골처럼. 그들의 불안감을 도닥거리면서 "너희도 대한민국이니까, 범법 행위를 저지르지 않는다면 탄압하지 않을게. 그러니 안심해"라고 말하는 보수를 보고 싶은데 현실은 영 딴판이에요. 어마어마한 일이라도 벌어진 것처럼 침소봉대하며 정권 유지에 이용합니다.

손석춘 : 그게 한국 '보수'의 현실이죠. 저는 〈미디어 오늘〉[12]에 쓴 칼럼에

12) '진보의 맨 얼굴?' 〈미디어 오늘〉, 2013년 9월 10일

서도 말했듯이 아무런 무기도 없이 무슨 내란 음모냐고 생각해요. 말이 안 되잖아요.

지승호 : 혁명가 대접을 받으려면 자격 요건을 갖춰라? (웃음)

손석춘 : 내란 음모 혐의는 말이 안 되지만, 그래도 이석기식 사고에 대해서 선을 그어야 합니다. 통합진보당이 이석기가 아무 잘못이 없

는 것처럼 이야기해나가는 것은 결국 자기 무덤 파는 일이 아닐까,
저는 그렇게 생각해요.

진보 진영의 엘리트주의

지승호: 대중정치인이라면 지금 사람들의 생각을 조금씩 앞으로 끌고 나갈 필요도 있지만, 너무 거슬러서도 안 돼요. 국민 정서를 무시하고 자기 식으로만 간다면 대중 정치를 안 하겠다는 얘기하고 같은 말이잖아요.

손석춘: 국민 정서와 눈높이를 맞추는 것이 굉장히 중요하고요. 또 한 가지는 바로 방향이 문제라는 겁니다. 저는 외부와의 소통이 부족해서 벌어진 일이라고 생각해요. 폐쇄적인 1980년대식 비합법 조직을 지금까지도 유지하다 보니 자기들의 경직성을 못 느끼는 겁니다. 오히려 그 경직된 사상을 아직도 엄청난 사상이라고 생각하는 거예요. 소통해야 합니다. 자기 생각을 솔직하게 밝히고 함께 토론해야 해요. 아마 국가보안법을 반대하는 사람들이 모인 자리에서도 자신 있게 얘기 못 할 걸요? 자신 있게 말할 수 없는 사상은 잘못된 거죠. 굳이 왜 그런 말을 하느냐 하면 그런 폐쇄적인 사상으로는 어떤 변혁도 가능하지 않기 때문입니다.

지승호: 보수 진영과 마찬가지로 진보 진영도 엘리트 의식이 있는 것 같아요. 보수는 자기들이 그 자리에 올라서기까지 얼마나 고생했는지를 강조합니다. 진보 쪽은 우린 일반인들과 다른 고귀한 사람들이야, 이렇게 생각하는 부분이 있는 것 같고요.

손석춘: 운동가 중에 그런 사람들이 적지 않아요.

> **지승호**: 이석기 같은 사람도 그렇지 않을까요. 1980년대만 해도 자기들은 운동권에서 굉장한 중요한 인물이었고, 엄청난 사람이었잖아요. 그런 생각에 젖어 지금도 자기들이야말로 시대에 앞서 가는 진보라고 생각하는 것 같습니다. 삼십 년이 훨씬 더 지난 2014년에 말이에요.

손석춘: 그런 불편한 진실들을 '대자보'로 적극적으로 알려야 한다고 생각해요. 불편하다고 덮어두다가는 문제를 풀 수 없습니다. 드러내놓고 말하다간 당장 손해를 볼 거 같지만 그건 단견이에요. 장기적으로 바라봐야 합니다. 정제된 언어로 차근차근 풀어가야죠.

> **지승호**: 진보 정치에 애정을 가진 사람이라면 쓴소리를 할 수밖에 없는 상황인데요. 한 가지 더 말씀드리자면, 대중의 편견에 대응하는 방식도 고민해야 할 것 같습니다. 제가 드리고 싶은 말씀은 '보여주는 정치'가 필요하다는 거예요. 우리는 그렇지 못하거든요.
>
> 이를테면 예전에 왕들은 비가 안 오면 기우제를 지냈습니다. 과학이 발달하기 전 이야기지만, 저는 당시 사람들이 오로지 무식해서 그랬을 거라고는 보지 않거든요. 동양에는 '제왕학'이라는 학문이 있었습니다. 나름대로 백성을 다스리는 법을 익힌 거예요. 국민이 원하니까 일종의 쇼를 한 것 같아요. 정치인이라면 그래야 하지 않을까요? 국민이 원하면 기우제라도 지내는 거예요. 그러고 나서 설득을 하는 거예요. "이제 좀 더 과학적인 방법을 생각해봅시다." 하고 말입니다.
>
> 그런데 과거 진보적인 정권의 경우 마치 국민을 혼내듯이 대했던 것 같습니다. "무식하게 지금 시대에 무슨 기우제냐?" 이런 식으로 말이죠. 하지만 국민들 입장에선 꼭 비가 와야만 하는 건 아니에요. '높은 사람이 우리를 위해서 뭐라도 하는구나.' 하는 데서 위안을 받

을 수도 있고요. 국민의 입장에서 봐야 합니다.

진보 진영 내부에서 소통이 안 되는 이유도 자기중심적인 사고 때문입니다. 다른 사람 얘기를 듣기보다는 자기 생각을 상대에게 주입하려고만 하는 경향이 있어요. 상대가 이해하지 못하면 수구적이라며 비난하는 습관이 있었던 것 같습니다. 노무현 정부 또는 진보 진영을 비판했던 것도 잘해주기를 바라는 마음에서지, 이명박 정권이 들어서기를 바랐던 게 아니잖아요. 그렇게 되면 행복해지는 사람들도 아니고요. 그런데도 비판을 하면 "너는 조중동이랑 똑같아." 하면서 공격했어요. 이런 것들이 소통을 막는 요인이 아니었나 싶습니다.

손석춘 : 진보 진영뿐만 아니라 우리 사회 전반에 소통을 막는 문화가 있는 것 같아요. 인터넷 시대라고 하고 열린 사회라고도 하지만, 막상 공개적으로 뭔가 쓰는 걸 꺼리는 사람들, 가슴앓이 하는 사람들, 그런 사람들이 많아요. 그들의 닫힌 마음을 열고 들어가는 게 이 책 '대자보 시리즈'의 목표여야 하지 않을까 싶어요.

지승호 : 방금 문화에 대해 말씀하셨는데요, 열린 공간이라는 인터넷도 그렇습니다. 어떤 일이 생겼을 때 당사자에게 '너 왜 그랬어?'라고 이유라도 물어봐야 하잖아요. 그런데 그런 과정이 없어요. 욕부터 하고 봅니다. 예컨대 보수적인 커뮤니티로 꼽히는 일베의 경우도 그래요. 그들의 행태가 비상식적인 것은 사실이지만 그들을 비판하는 방식에도 문제가 있습니다. 누가 소위 '일베 용어'라도 사용하면 무조건 비난한다든가 하는 식으로 말이에요. 어린 학생들에게는 일베의 토론 문화에 무슨 문제가 있는지 그들의 생각이 왜 폭력적인지 차근차근 설득할 수 있어야 하잖아요. 무조건 비난부터 하면 반성하겠다는 생각보다는 반감이 먼저 생기잖아요. 싸우게 됩니다. 그냥 재미로 일베 게시판에 글을 올렸을 뿐인데, 저쪽에서 나를 죽이려고 드네, 하면서 오기가 생깁니다. 그러다 상대편의 꼬투리를 잡아 "거봐라, 너희도 별거 없네. 그런데 나에게 욕을 해?" 그러면서 일종의 '복

수'를 하는 거죠.

손석춘: '깨시민'이 지금은 비아냥의 의미로 쓰인다면서요?

> **지승호**: 예전엔 안 그랬는데 요즘은 일부 사이트에서 그렇게 쓰이기
> 도 해요. 그만큼 인터넷도 보수화된 거에요. 이런 흐름에 반기를 들
> 고 대응하는 분들도 많습니다. 진보를 사랑하는 사람들이죠. 일부는
> 좀 과격하게 대응하기도 하지만 전반적으로 긍정적인 역할을 하고
> 있다고 생각해요. 다만 집단적으로 공격성을 보인다거나 일부 과격
> 한 대응이 있을 때는 자제해야 한다고 생각해요. 아무리 좋은 의도
> 라고 해도 보는 사람이 눈을 찌푸릴 정도로 과잉 대응한다면 오히려
> 부작용이 있을 수 있잖아요. 진보 진영이 벌이는 과격한 대응을 몇몇
> 사람의 문제로 치부해서는 안 된다고 생각합니다. 국가기관의 댓글
> 공작을 '개인적 일탈'로 모는 것과 다를 바가 없습니다. 인터넷이나
> SNS에서 활동하는 진보적인 사람들은 달라야 합니다. 좋은 가치를
> 내세우는 만큼 더 조심할 필요가 있어요.
>
> 　이야기가 잠시 다른 방향으로 흘렀는데요. 주제를 바꿔서 이번에
> 는, 진보 정치가 폐쇄성을 넘어 새롭게 부활할 가능성에 대해 이야기
> 를 나눠보겠습니다.

손석춘: 지승호 씨는 어떻게 보세요?

> **지승호**: 희망 사항이긴 하지만 제가 약간 비관주의자라 쉽지는 않겠
> 다는 생각이 듭니다.

손석춘: 네, 저도 그런데요. 2010년 진보대통합 시민회의를 시작할
때만 해도 낙관적이었습니다. 정말 그해 제일 많이 강연을 다녔는데
요, 제 딴에는 대상포진이 온 몸에 퍼질 만큼 열정을 다했어요. 제가
돌아다니면서 뭐라고 '선동'했는지 아세요? (웃음) 2013년 11월 말에

강연을 하러 부산에 갔거든요. 후배지만 존경하는 박래군 씨와 둘이 갔었는데, 그때 청중들에게 2010년에 제가 했던 얘기를 기억하느냐고 물었어요. 다들 기억하더군요. 저는 그때 진보 대통합을 잘 만들면, 민주노동당, 진보신당, 진보적 시민운동가, 이 사람들이 똘똘 뭉쳐서 대통합 정당을 만들면 2012년 4월에 20석 확보가 가능하다고 했습니다. 그렇게 원내 교섭단체를 확보하면 그중에 뛰어난 어느 정치인이 민주당의 대선 후보보다 더 큰 국민적 지지를 받을 수 있을 것이다. 그래서 2012년 4월에 원내 교섭단체를 확보한 다음에 6개월 지난 10월쯤 무렵 여론조사를 했을 때 그 통합 정당의 후보가 민주당 후보보다 지지율이 더 높으면 한국 정치를 혁명적으로 바꿀 수 있다고 주장했었어요.

지승호: 힘이 부족하다면 연정 같은 걸 할 수도 있고요.

손석춘: 그렇죠. 우리 국민은 가능하다 싶으면 신명 나듯 뭉치는 '전통'이 있어요. 우리가 잘 대처를 해나가면 가능하다고 봅니다. 상황이 워낙 절망스럽다 보면 더는 안 되겠다 하고는 '뜨거운 바람'이 불 수 있죠. 따지고 보면 기성 정치에 대한 절망은 오래된 거거든요. 2008년 촛불 집회 때 광화문에 모인 사람들이 한나라당도 그렇지만 민주당도 못 믿겠다, 진보 정당들도 그렇다는 얘기를 많이 했잖아요? 그런 기대를 우리가 채우지 못한 거예요. 잘 담아낸다면 달라질 수 있죠. 아직 시간이 있으니까요. 우리가 얼마나 더 열심히 하느냐에 따라서 절망은 조금씩 낙관으로, 희망으로 바뀔 수 있지 않을까 싶어요.

'그들'은 왜 진보와 개혁을 선택하지 않는가?

지승호 : 정치적 성향을 좀 더 세분화해서 소위 개혁파와 진보파로 거칠게 나누자면 지금 우리나라는 진보파 사람들이 새누리를 찍을 수는 없고, 종자를 심는 심정으로 진보 진영 후보를 찍던지, 아니면 개혁 진영 후보를 비판적 지지할 수밖에 없는 상황입니다. 하지만 개혁파 후보에 대해 비판적 지지를 안 하거나 기권하는 것도 나쁘지만은 않을 거라고 생각합니다. 비유적으로 설명해드리지요. 예컨대 노동조합 선거에서 비정규직 사람들의 표를 얻기 위해 개혁적 정규직 노동자 후보 측에서 이렇게 설득할 수 있습니다. "당신들이 정규직 노동조합 운동을 지지해주면 우리가 당신들의 입장을 대변하거나 보상해주겠다"고 말이죠. 그런데 비정규직 사람들이 정규직 후보를 찍지 않았다면 그 이유는 그런 약속을 아예 안 했거나, 과거 약속을 지키지 않은 선례가 있기 때문이라고 생각할 수 있습니다. 하지만 그렇지 않을 수도 있어요. 기권이 오히려 자기들 권익을 향상시킬 수도 있기 때문입니다. 비정규직 사람들 입장에서는 정규직이 줄어들고 비정규직이 더 많아져야 운동의 토대가 넓어질 수 있잖아요. 더 많은 사람이 뭉쳐서 비정규직의 처우 개선을 요구할 수 있습니다. 따라서 정규직 중심의 노동운동에 냉소적이거나 방관자가 되는 것이 훨씬 합리적인 선택이 되는 거잖아요.

이런 상황을 지금의 정치권에 그대로 적용할 수 있을 것 같습니다. 중산층의 입장을 대변하는 개혁파의 입지가 줄어들 때 좀 더 진보정치의 가능성이 열릴 수도 있다고 볼 수 있는 거죠. 베네수엘라의 경우처럼 가난한 사람이 70퍼센트 이상 되어야 차베스 같은 대통령이 나온다는 겁니다. 중산층이 될 수 있다는 거짓 희망이나 허위의식이 있으면 상황이 개선되지 않을 것 같습니다.

손석춘 : 세계 진보운동사에도 나오는 오래된 논쟁이지요. 자본주의

모순이 심화하도록 두는 게 혁명을 위해서 더 나으냐 혹은 그렇지 않으냐 하는 것이었죠. 그때 고전적 사상가들의 입장은 명확했어요. 한 단계에서 개량할 수 있는 것은 최대한 개량해나가는 것, 저는 그게 옳다고 봅니다. 현실의 바탕 위에서 사람들의 생각을, 지금보다는 더 앞으로 나아가게 만드는 것이 필요한 거고요.

> **지승호** : 저도 혁명주의자는 아니기에, 개혁에 대한 믿음이 없는 것은 아닙니다. 다만 소위 개혁 세력이 비판적 지지를 철회하는 사람들의 마음을 알아줘야 한다는 걸 강조하고 싶은 거예요. 선거 때나 자기들 급할 때 찍어달라고만 하고선 약속을 안 지키니까 더 이상 믿지를 못하겠는 겁니다. 항상 보수 세력 탓을 하면서 저들보다 낫다고 하지만, 결과는 똑같잖아요. 그러면서 사과는커녕 오히려 화를 냅니다. 왜 우리 같은 훌륭한 정치인을 못 알아보느냐면서 말이에요. 진보 진영과 개혁 진영이 한데 모여 싸워나가려면 이런 것에 대한 고민부터 해야 한다고 봅니다.

손석춘 : 민주당이 지난 대통령 선거에서 진보적인 복지 정책을 많이 내놓았잖아요. 지난 10년의 집권기에 그중 하나라도 실천했다면 양상이 굉장히 달랐을 거 같아요. 예를 들어서 노무현 정부가 대학생 등록금 반값만이라도 구현했다면, 그래서 300만 가구가 도움을 받았다면 이명박은 집권이 어려웠을걸요. 기층 민중은 한나라당이든 민주당이든 어느 누가 집권해도 자기 인생이 별로 나아졌다는 것을 느낀 적이 없어요. '정치적 효능감political efficacy'이라고 하죠. 이런 걸 체감할 수 있도록 하는 게 중요합니다.

> **지승호** : 민주당 지지 세력을 포함한 진보·개혁 진영에서는 왜 가난한 사람들은 한나라당·새누리당을 찍을까? 하는 질문을 던집니다. 하지만 저는 그 질문을 '왜 그들이 우리를 찍지 않을까?'로 수정해야 한다고 생각합니다. 반성이 전제되지 않으면 질문은 공허해요.

손석춘: 그렇습니다. 계속 말씀드리지만 국민 앞에 반성하고 새로운 전망을 보여줘야 해요.

지승호: 그러려면 진보 진영에서 의제 설정을 잘해야 하는데요. 현실 문제를 1퍼센트의 가진 자와 나머지 99퍼센트 민중의 대립으로 설명하는 게 맞을까요? 선생님께서는 여전히 이런 담론에 매달리는 것은 진보가 게으르기 때문이라고 비판하셨잖아요.

손석춘: 물론 1퍼센트의 지배층이 나머지 99를 지배한다는 식으로 설명할 수 있어요. 그런데 제 생각은 조금 달라요. 새사연 후배와 이런 얘기를 나눴습니다. "10년 전보다 삶이 나아졌느냐?" 물었더니 그렇대요. 그러면 "1퍼센트의 지배층과 99퍼센트의 피지배층이라는 설정이 얼마나 설득력이 있을까? 다시 한번 생각해볼 필요는 없을까?" 하고 다시 물었죠. 후배는 쉽게 대답하지 못했습니다. 그런 설명은 오늘날 한국 사회에서 설득력이 부족하다고 생각합니다. 실제로 지금 이 체제에서 수혜를 입는 사람들이 저는 20퍼센트는 된다고 봅니다. 거기서 정말 최상류층에 해당하는 사람 1퍼센트를 뺀 나머지 19퍼센트의 사람들은 한국 사회의 여론이나 방향을 설정하는 데 굉장히 중요한 역할을 하는 사람들입니다. 1대 99라는 설명에는 이들이 빠져 있어요. 현실을 올바로 반영하지 못합니다.

지승호: 상위 19퍼센트 안에는 기자 같은 직업을 가진 사람들도 있을 것 같은데요.

손석춘: 사실 광범위해요. 이를테면, 어떤 분은 대학교수 중에서 80퍼센트 정도가 체제 친화적이라고 합니다. 대기업에 있는 사람들, 과학기술 계통에 종사하는 사람들, 이런 사람들도 19퍼센트에 속해요. 한국 사회에 두껍게 자리한 층들입니다. 교육 수준이 높기에 이성적으로 판단해요. 진보 진영은 그들도 설득해야 합니다. 그들은 한국

의 신자유주의적인 정치체제 외에 다른 대안은 없는 걸로 생각해요. 특히 소련, 동유럽이 무너지고 북의 아사 상태를 보면서 그렇게 판단했을 겁니다. 이들에게 더 나은 세상에 대한 전망을 제시하려면 다른 식의 접근이 필요합니다.

3부
길은 내부에 있다

실패한 언론 개혁-KBS와 MBC의 경우

지승호: 국민에게 현상을 설명하고 설득하는 데는 아무래도 언론의 역할이 클 텐데요. 그럼 이번에는 언론에 대해 이야기를 해보겠습니다. 선생님께서 예전에 "강자를 제어하고, 약자를 부추기는 게 기자 정신이다." 이런 표현도 쓰셨는데 지금은 어떻게 보고 계십니까?

손석춘: 제가 기자 생활을 시작한 전두환 정권 때만 해도 그런 정신이 살아 있었습니다. 지금보다 훨씬 힘든 상황임에도 선배들이 술 마시면서 기자 정신에 대해 얘기했어요. 요즘에는 그런 얘기가 거의 없죠. 안타까운 일입니다.

지승호: 지금 상황은 심각하다 못해 어떻게 보면 마비된 상황에 가까운데요. 〈한겨레〉, 〈경향신문〉, 〈오마이뉴스〉, 〈프레시안〉 같은 진보적인 매체가 있지만 저쪽은 지상파를 장악한 것도 모자라 종편까지 생겼지 않습니까. 선생님께서는 "저널리즘의 위기가 결국은 민주주의의 위기다"라는 말씀도 하셨습니다. 오늘날 언론 문제를 어떻게 풀어가야 할지 말씀 부탁드립니다.

손석춘: 지금은 현장에서 한발 물러서 있기에 제가 언론운동을 이야기하는 게 부담은 되는데요. 제 경험을 말씀드리자면, 가장 안타까웠던 건 함께 운동하던 사람들이 김대중, 노무현 정부 시기에 그쪽으로 다 빠져나갔다는 겁니다. 그 후로 힘이 많이 약해졌어요.

지승호: 한때 큰 호응을 얻었던 안티조선운동이 잦아든 것도 그런 영향이 컸다고 볼 수 있지요.

손석춘: 정권에 가서 자기가 주장했었던 일들을 법과 제도로 만드는

데에 기여했다면 괜찮았겠죠. 그런데 그러지도 못했습니다.

지승호: 조중동하고 싸우다가 끝났죠.

손석춘 : 말로만 싸웠죠, 권력을 가졌으면서. 당시 열린우리당이 의회 권력도 가졌잖아요. 권력을 가졌으면 그걸 법과 제도로 만들어야 하는데 그러지 못했습니다. 실속도 없이 말로만 싸운 거죠. 이를테면 양극화에 대해서 당시 청와대 홍보수석, 대변인, 이런 사람들이 청와대 홈페이지에 계속 글을 써요. 참 이해할 수 없는 게 왜 글을 써요? 자기들이 그걸 제도적으로 바꿔야죠. 그런데 그런 것에 대한 성찰이 전혀 없어요. 글로 써놓고 할 일을 다 했다고 생각하는 거예요. 끔찍한 건, 제가 언론운동을 할 때 가장 아끼던 후배 하나가 노무현 정부에 들어갔어요. 그런데 그 후배가 나중에 적극적으로 나서서 한미 FTA 홍보를 하더라고요. 그 이후 만나질 못했습니다. 그 친구도 저를 만나기가 꺼려서였는지 몰라도 그렇게 됐어요. 민언련, 언론개혁시민연대, 이런 데서 함께 활동하던 사람들이 다 민주당하고 연결되어서 갔죠. 가서 잘하면 되는데, 그렇게 못 했다는 게 문제입니다. 예컨대 당시 정연주 KBS 사장은 관심사이던 한미 FTA를 적극적 의제로 설정하려는 프로듀서를 탐탁하게 여기지 않았어요.

지승호: 〈KBS 스페셜〉이었던가요? 방송이 안 나갔나요?

손석춘: 우여곡절 끝에 겨우 한 번 내보냈다고 하더라고요. 사실 정연주 KBS 사장이 연임에 나서지 않았다면, 대신 시민사회의 추천을 받아서 사장을 임명하는 시스템을 만들어놓았다면 이명박 정권이 그렇게까지 방송을 흔들지는 못했을 것 같아요. 저는 그런 게 아쉬운 거죠. 공영방송 사장을 뽑는 방식에 대해 마땅히 좋은 법적인 방안이 없어요.

방송통신위원회나 KBS, MBC 이사들을 정치권에서 추천해요. 새누리당과 민주당에서 추천한 위원이나 이사가 뽑은 사장들이 어떻겠어요. 권력을 잡은 정당의 이해관계를 대변하는 식으로 가는 거예요. 그런 방송 문화를 극복해야 합니다. 누가 사장이 되더라도 정치적 이해관계에서 벗어나서 소신대로 공영방송을 펴나가야 하는데, 과연 지금까지 그런 사람이 있었나요? KBS, MBC 사장 가운데. 다 닮은꼴이에요. 살아 있는 정권은 비판하지 않았죠. 제가 걱정하는 것은 그때도 그랬으면서 마치 지금만 공정성이 문제인 것처럼 생각한다는 거예요.

MBC의 경우에는 더 심각합니다. 많은 사람이 민주당으로 갔어요. 예를 들면 최문순 씨는 MBC 사장 임기를 마치고, 한 달도 안 되어서 민주당 비례대표 공천을 받았죠. 그런데 그런 행태에 대해 아무도 얘기를 하지 않아요. 언론운동을 오래 하신 선배들조차도 최문순 씨의 그런 행보에 대해서 아무런 말을 하지 않더라고요. 저는 깜짝 놀랐습니다. 그냥 '우리 편'이라고 생각하는 것 같아요. 하지만 반대쪽 입장에서 보면 어떻겠어요. 당연히 그동안 정권과 결탁한 거 아니냐는 얘기가 나오는 겁니다.

> **지승호**: 만약에 새누리당으로 갔다고 하면 민주당 지지자나 개혁·진보 쪽에서는 비난이 상당했겠죠. 그럼에도 일반 국민의 눈에는 양쪽 다 비슷하게 보일 수 있다는 점에 대해서는 심사숙고할 필요가 있을 것 같네요.

손석춘: 그분들이 계속 언론운동만 해야 한다고 생각하지는 않습니다. 다만 최소한의 금도는 가졌으면 좋겠어요.

> **지승호**: 예컨대 방송사에 근무한 이력이 있는 사람은 퇴직 후 정당 활동을 한동안 못 하게 한다든지?

손석춘: 그런 방법도 가능하겠지요. 문제는 그것이 기관장에만 해당

하는 것이 아니라는 겁니다. 정권을 감시하고 비판해야 할 시민단체에서 그들이 내주는 자리를 두고 다툽니다. 예컨대 방송통신위원, 그게 차관급이거든요. 이걸 두고 민언련(민주언론시민연합)과 언론연대(언론개혁시민연대)가 서로 경쟁해요. 민주당에 배당된 방송통신위원 자리를 놓고 말이에요. 이런 문제가 불거지면서 언론연대와 민언련 사이가 안 좋아졌습니다. 사람들이 자리라는 것에 너무 연연하는 듯해요. 언론운동이 많이 약화된 이유도 그런 데 있는 거죠. 모두가 그런 건 아니지만 적지 않은 사람들이 그런 것들에 흔들리니까, 사실 안타까워요.

노무현 정부 때 KBS 사장은 정연주고, MBC 사장은 최문순이었어요. 한 명은 〈한겨레〉 논설주간 출신이고 한 명은 언론노조 위원장 출신입니다. 그렇다면 두 방송이 잘해야 할 거 아니에요. 하지만 정말 그랬습니까? 두 방송사가 한미 FTA의 문제나 부익부 빈익빈의 문제, 신자유주의 문제나, 비정규직 문제를 대했던 태도를 보면 참 갑갑한 노릇이에요. 더 큰 문제는 정연주나 최문순이 그랬던 과거에 대해 비판하거나 반성하지 않는다는 거예요. 외려 잘했다고 두둔합니다. 잘잘못을 분명히 가리지 않으면 자칫 정파논리의 함정에 빠질 수 있거든요.

언론운동이 경계해야 할 것이 바로 정파주의인데, 적지 않은 사람들이 여기에 빠져 있어 언론운동의 발전에 큰 저해가 되고 있다는 얘길 제가 했어요. 하지만 그런 비판은 내부에서도 곧 묻혀요. 별로 탐탁하게 여기지를 않죠. 저는 아까 그 얘기가 참 아쉬워요. 만약 최문순 씨가 사장직을 그만두고 바로 민주당 비례대표 공천을 받지 않았다면, 정연주 씨가 1기만 마치고 사장 자리를 다른 사람에게 물려주었으면 어땠을까? KBS의 경우 동아투위(동아자유언론수호투쟁위원회) 선배들 가운데 적합한 사람이 있었거든요. 그런데 한사코 연임했고, 결국 이명박 정권 때 밀려났죠. 아까도 말씀드렸지만 그때 시민사회단체 추천을 받아서 후임 사장을 결정하는 제도를 만들었으면, 정치권과 거리를 두었으면 KBS와 MBC가 저렇게 망가졌을까, 이런 생각을 하는 겁니다. 그런데 그런 얘기를 하는 제가 오히려 이상한 사람 취급을 받아요.

> **지승호**: 진영 논리가 지배하는 한국 사회에서 그런 식의 내부 비판이 잘 먹히지가 않는 것 같습니다. '너는 어느 편이냐?' 그런 얘기 많이 들으셨죠. 그런 사람이 적보다 더 얄밉지 않나요. (웃음)

손석춘: 이건 언론운동에서 중요한 얘기거든요. 그래서 제가 실명까지 거론하면서 비판하는 것이지만, 개인적으로 정연주 선배나 최문순 씨 모두 잘 아는 사이라 이런 말을 하기가 힘들고 그만큼 더욱 안타까워요. 하지만 두 사람과의 개인적 인연보다 더 중요한 게 이 나라 공영방송의 내일이고 민주주의의 내일이라고 생각합니다. 인간적으로 불편하더라도 제가 감수해야 할 몫이죠.

> **지승호**: 그렇죠. 자리를 떠나서, 그 사람이 어디 있느냐를 떠나서 존경할 만한 사람이 없다는 건 불행한 일입니다. 자리에 연연하는 것은 언론계뿐만 아니라 한국 사회 각 분야에서 전반적으로 보이는 행태인 듯합니다. 사회가 간판을 내세워야 자리를 차지할 수 있고, 그 자리가 없으면 아무 일도 할 수 없는 구조이다 보니까 자꾸 사람들이 '자리'에 집착하는 것 같습니다. 정말 백의종군해서 존경받을 수도 있고 또 그런 분이 일할 수 있는 풍토라면 안 그래도 되겠죠. 어쩌면 역으로, 그런 사람이 없어서 이런 풍토가 쉽게 변하지 않는지도 모르겠습니다.
>
> 주제를 바꿔 개혁 대상인 조중동에 대해 이야기를 나눠보겠습니다. 예전에 '조중동 프레임'이라는 말을 많이 썼는데요, 지금도 우리 사회에서 효력을 발휘하고 있다고 생각하시나요?

손석춘: 더 강화됐죠. 종편까지 합세하면서 말이죠. 제가 지금 사는 곳이 서울 금천구인데요, 가난한 사람들이 많이 모여 삽니다. 그런데

여기 재래시장을 가보면 상인들이 TV조선 따위의 종편 방송을 보고 있어요. 거기서 하는 토론 프로그램 혹시 보셨나요? 공정성은 기대하지 않습니다. 더구나 전문성은커녕 때로는 상식조차 없는 토론자들 나와서 하는 말을 열심히 보고 듣습니다. 이건 뭘 뜻하느냐 하면, 이분들이 그런 시사 토론에 대한 갈증이 있다는 얘기거든요. 그런데 KBS나 MBC, SBS 같은 지상파에서는 그런 거 잘 안 하잖아요. 해도 사람들이 잘 안 보는 심야에나 틀죠. 노점상, 과일가게, 채소가게 아주머니 아저씨들이 그러고 있습니다. 이분들이야말로 서민들인데, 그런 방송을 보고 있는 거예요. 알게 모르게 영향을 받을 겁니다.

지승호: 그분들이 보수 진영을 지지하는 이유에는 조중동이나 종편 같은 언론 때문만은 아닌 거 같아요. 예컨대 새누리당 같은 경우에는 위선적이지 않잖아요. 돈, 개발, 성장, 대놓고 욕망 덩어리입니다. 그런데 민주당이나 진보 정치를 자임하는 사람들은 좀 달라요. 서민들을 위한다고는 하는데, 막상 자기들 대하는 거 보면 아니거든요. 진심으로 대하는지 정말 친구라고 생각하는지 이 사람들은 다 압니다. 은연중에 계급적 경멸이 비칠 수도 있고요. 그러니까 더 얄미운 거죠. 서민을 위한다는 사람들이 보니까 다들 살 만큼 사는 사람들이에요. 게다가 문화적·정서적으로도 차이가 납니다. 보니까 엘리트 의식이 철철 넘치죠. 자꾸 무시합니다. 그러니 반감이 들고 지지할수가 없는 거예요.

손석춘: 물론 그런 이유도 있을 겁니다. 하지만 보다 큰 이유는 서민 대중이 민주당 정권에서 좋아진 걸 못 느꼈다는 거예요. 한번은 광주에 갔는데 택시기사가 저한테 말합니다. "김대중 선생이나 노무현이 대통령 될 때 우리 같은 사람들의 삶이 나아지리라 기대했는데 결국은 똑같습디다." 그 얘기에 가슴이 저미더라고요. 그는 60대의 택시기사였습니다. 중산층 지식인들은 다르게 보겠지만 기층 민중들 사이에는 차이가 없는 거예요.

지승호: '대자보' 시리즈도 사실은 그런 분들이 많이 읽을 수 있어야 하는데 말이에요. 반면 지식인층에서는 읽고 나서 던져버릴 수도 있겠네요. (웃음) 정권 향배에 따라 삶이 극과 극으로 변하는 분들 말입니다.

우리 편은 건드리지 말라—진영 논리에 갇힌 언론

손석춘: 진정한 의미에서 지식인이 필요합니다. 우리 시대에는 누구나 쉽게 정보를 접할 수 있잖아요. 아는 것만으로는 치면 누구나 지식인인 시대입니다. 하지만 세상을 바꾸려면 여기에 실천을 더해야 해요. 함께 모여서 책을 읽고 토론해야 합니다. 학습 모임에서 자료로 삼을 책들이 많이 나와야 하고요. 그래야 제대로 된 비판을 하고 대안을 찾을 수 있어요. 저는 비판이야말로 문제 해결을 향한 출발점이라고 생각합니다. 제가 친노 세력을 비판한 것도 그런 취지고요. 2002년 대선에서 노사모에 참여하신 모든 분과 다시 함께 하고 싶었습니다. 2012년 대선을 겨냥해서 칼럼집 제목을 '새로운 바보를 기다리며'[13]라고 단 것도 그래서였어요. 출판사에선 '2012년 그날

> 13) 『새로운 바보를 기다리며』(21세기북스, 2011)

이 오기 전에 우리가 꼭 알아야 할 대한민국 이야기'라고 부제를 붙였지요. 하지만 독자들을 많이 만나진 못했어요. 제가 비판하려는 것은 인간 노무현이 아닙니다. 진보 정치의 한 표상으로서의 노무현을 말하고자 하는 것이지요. 그래야 앞으로 나아갈 길을 제대로 찾을 수 있지 않을까요. 저는 인간적인 면에서 노무현이 이명박과 견줄 수 없을 정도로 차이가 있다고 생각해요.

지승호: 그건 국민 대다수가 알고 있는 사실 아닐까요? (웃음)

손석춘: 그럴수록 냉철하게 대통령으로서의 노무현을 바라봐야 한다고 생각해요. 그가 퇴임 뒤 검찰 조사를 받은 것에 대해서도, 불편하지만 이제는 직시해야 한다고 생각해요. 이와 관련해서 제 경험을 말씀드리겠습니다. 어떤 분이 제게 정색을 하고 물어요. "권양숙 여사가 돈 받은 거 사실 아니냐? 부끄러운 일이다. 검찰이 노무현 대통령도 알고 있었는지 밝혀야 하는 거 아니냐?" 저는 할 말이 없었습니다. 가족이 돈을 받은 것은 사실이니까요. "예전 다른 대통령들에 비해서는 적었다." 이래야 하는 건가요? 친노 세력 중에는 대통령이 오죽 돈이 없었으면 그랬겠느냐는 식으로 얘기하는 사람도 있던데, 그렇게 볼 문제는 아니죠. 지난 정권의 실수 혹은 실패를 정면으로 직시하지 않으면 더 많은 사람으로부터 지지를 받을 수 없습니다. 이명박 정권의 수많은 실정에도 불구하고, 물론 국정원의 개입도 있었겠지만, 야당 후보가 압승해야 마땅한데도 결국 지지 않았습니까? 국정원의 선거 개입이라는 초대형 이슈에도 국민적 분노가 활활 타오르지 못한 데는 박근혜 후보의 상대가 노무현 대통령 시절 비서실장이었던 문재인 후보라는 이유도 있는 것 같아요. 그런데도 이런 사실을 인정 안 합니다. 자기들을 지지하는 사람들의 눈으로만 세상을 보는 것 같아요. 그건 국민과의 소통을 막는 거예요.

    지승호: 진보 진영의 소통과 관련하여 진보 언론 역시 진보 의제에 대해서 기사화를 잘 하지 않고, 대안을 말하지 않는다는 점도 지적하셨죠?

손석춘: 저는 설 땅이 없어요. (웃음) 모든 권력을 비판하다 보니까 그래요. 〈한겨레〉도 사실은 기대에 못 미치고 있죠. 많은 사람이 그렇다고 이야기하잖아요. 〈경향신문〉과 비교도 많이 하고. 진보 언론으로서의 사명에 최선을 다해야 하는데, 그러지 못하고 있습니다. 예를 들면 〈한겨레〉 지면에 대담이 실렸는데요, 거기서 '노무현 관 장사' 이야기가 나왔습니다.[14] 죽은 노무현을 이용하지 말라는 맥락이었습

니다. 독자들로부터 항의가 빗발쳤어요. 그러자 다음날 신문사에서 공식적으로 사과합니다. 참 어이없는 일이죠. 이런 식의 대처야말로 진보를 죽이는 일입니다. 자기반성을 하지 않는 친노 세력에 대한 비판이었잖아요. 그럼 계속 밀고 나갔어야죠.

14) 한홍구－서혜성의 직설 'DJ와 노무현의 유훈 통치를 넘어서라' 《한겨레》 2010년 6월 11일자)

물론 〈한겨레〉가 조중동보다야 훨씬 낫습니다. 그런데 정말 창간 이후 진보와 노동 쪽에 근거한 이야기와 의제 설정을 충실히 해왔느냐 하면 그건 아닌 것 같아요. 〈한겨레〉 구성원들이 이런 비판을 받아들이지 않을 수도 있어요. 하지만 생각해보세요. 이를테면, 한겨레경제연구소에서 선정한 '사회책임경영(CSR) 30개 우수 기업'에 삼성전자와 삼성SDI가 포함되었잖아요. 지난해에 그랬습니다. 이게 말이 되나요? 사람들이 비판하니까 거기에 대해 "삼성전자가 CSR을 잘해서가 아니라 잘하라고 격려하기 위해서 주는 상이다." 이렇게 해명해요. 그때가 바로 삼성서비스 노동자가 자살했을 때였어요. 그런 상황에서 삼성의 계열사에 사회적 책임을 졌다고 칭찬을 한 겁니다. 과연 그래도 되는지, 여기에 대해 이병천 교수가 비판하는 글을 〈프레시안〉에 썼던데 정말 조심조심하더군요.

지승호 : 잘하라고 주는 게 상이라면 박근혜 대통령한테 평화상도 주고 그래야 하겠지요. 잘하시라고 화합의 정치인상도 주고. (웃음)

손석춘 : 그러네요. (웃음) 아무튼 저는 작심하고 〈미디어오늘〉에 비판 칼럼을 썼어요. 그런 내용을 〈한겨레〉 구성원들이 반길 리는 없죠. 하지만 저는 그렇게 말할 수밖에 없었어요. 현장에서 〈한겨레〉가 정치 보도나 선거 국면에서 '친민주당'으로 분류되는 이유에 대해서 생각해봐야 하지 않나요? 과연 재벌의 상징인 삼성에 면죄부를 줘도 되는 건지, 구성원들이 그런 문제들을 직시하면서 정체성에 대해 진지하게 고민해야 해요.

지승호: 대치 국면에서 진영 논리라는 게 어쩔 수 없이 존재합니다. 하지만 이제는 그런 이분법적 사고를 넘어서야 할 시점인 것 같습니다. 내 편 네 편 따지다 정말 해야 할 일을 못 하게 되잖아요. 조중동은 친새누리당 성향이고, 여기에 대항하는 〈한겨레〉는 친민주당이라는 식의 인식이 국민에게 박혀 있으면 올바른 비판도 밥그릇 싸움으로 비칠 수가 있어요.

손석춘: 그럼에도 〈한겨레〉는 KBS와 MBC와 달리 노무현 정부가 추진했던 한미 FTA에 대해서 시종일관 비판적이었습니다. 이라크 파병에 대해서도 마찬가지였고요. 정권의 구미에 따라 움직이는 KBS와 MBC, 조중동하고는 달라요. 그만큼 편향적이지는 않죠.

북한을 바라보는 투명한 눈

지승호: 건강한 비판을 막는 데 동원되는 것이 비단 진영 논리만은 아닐 텐데요. 대표적인 게 이념 논쟁인 것 같습니다. 예컨대 작년에 가장 화두가 됐던 이슈가 '종북' 아니었습니까. 현 정부는 계속해서 '종북'이라는 잣대로 모든 비판을 틀어막으려 드는데요, 어떻게 생각하십니까?

손석춘: 최근에 언론계 대선배인 김중배 선생과 오래 이야기를 나눌 기회가 있었는데 담배 피우시면서 그러시더군요. "이러다가 담배 피우면 종북이라고 하지 않을까 모르겠어". (웃음) 그런데 서글픈 것은 종북이란 말이 진보 세력 내부에서 나왔다는 거에요. 민주노동당 시절에 내부에서 나왔습니다. 이전에는 그런 말이 통용되지 않았어요.

지승호: 어쨌든 보수 세력들은 그 용어를 잘 활용하는 것 같아요. 빨갱이 얘기가 지금은 안 먹히니까 새롭게 찾아낸 것 같은데요, 말씀하신 것처럼 저들이 새로 만든 게 아닙니다. 민주노동당 분당파들이 나가면서 당권파들을 종북이라고 비판했던 것을 가져다 쓰면서 공전에 히트를 시킨 건데요.

손석춘: 그러니까 국민이 보기에는 실체가 있어 보이죠. 다른 사람도 아니고 자기들 내부에서 나온 말이니까요. 종북 발언을 처음 한 진보 정치인과 〈경향신문〉 대담에서 만난 적이 있어요. 당사자는 한국의 진보가 이 문제를 건드리지 않으면 발전할 수 없다는 생각으로 그런 표현을 썼다고 얘기하더군요. 대담을 하고 나서, 뒤풀이 자리에서 들은 얘기인데. 그런 자세, 그런 생각이었다면, 그때도 말했지만 훨씬 더 신중하고 동지적 접근으로 갔어야 옳았죠. 종북이라는 말이 이렇게 남용되고 있는 상황을 그 정치인은 어떻게 보고 있을지 모르겠어요.

지승호: 지난 대통령 선거 과정에서 이 용어가 많이 쓰이면서 이념 갈등이 증폭되었는데요. 그동안 쌓인 피해 의식과 상승 작용을 한 건지, 나이 드신 분들이 굉장히 격앙된 것은 사실이거든요. 어버이연합 같은 노령층 단체가 자주 언론에 모습을 드러냅니다. 그분들이 자주 집회에 참여하는 게 물론 다른 차원도 있겠지만, 그동안 쌓였던 분노가 폭발한 건 아닌가 해요. 그동안 나이도 들고 뒷전에 물러나 있었는데, 보니까 젊은 애들이 너무 설친다고 생각한 거예요. 안 되겠다 싶어 피켓 들고 나온 거죠.

손석춘: 그런 가운데 국정원이 이석기 녹취록을 공개했죠. 국민에게 종북이 맞지 않느냐? 하고 확인시켜주는 거예요. 이런 게 굉장히 큰 효과를 발휘합니다. 말로만 듣던 종북이 실제로 나타났다는 거죠. 그러면 일종의 '공명 효과'라고 할까요, 파장이 넓게 퍼져나갑니다. 왜

곡된 인식이 상식으로 자리 잡게 되는 거예요. 바로 그렇기 때문에 진보 세력이 여기에 잘 대처를 해야 해요.

지승호: '결국 맞네, 맞잖아.' 하고 생각하겠죠.

손석춘: 이석기 변호인들이나 통합진보당은 내란 음모 혐의에 대해 사실이 아님을 명확하게 이야기하되, 그 사람이 가지고 있었던 잘못된 시대 인식에 대해서는 선을 그어야 해요. 하지만 과연 지금의 통합진보당 지도부가 그럴 만한 성찰력을 갖고 있느냐에 대해 회의적이에요. 저는 그 계파 안에서도 '이건 좀 이상하다'고 생각하는 사람들이 있으리라고 믿어요. 그 사람들이 자기 목소리를 낼 수 있게 하는 것, 그 사람들이 소통할 수 있게 만들어 주는 것, 그게 진보를 살리고 당면한 위기를 넘어서는 길이라고 생각합니다. 통합진보당 전체를 이석기와 같은 생각을 하는 정당으로 생각할 필요는 전혀 없고, 옳지도 않다고 생각합니다.

지승호: 지금 이념 갈등이 국사 교과서로 튀었잖아요. 역사 왜곡으로 논란이 된 교학사 교과서의 채택률이 거의 제로인 상황이긴 하지만요.

손석춘: 채택이 안 되니까 황당하게도 '외압'이 있었는지 수사한다죠? (웃음)

지승호: 채택했다가 철회한 학교에 대해 외압이 있어서 그랬는지 조사한다는 겁니다. 일이 뜻대로 풀리지 않자 새누리당에서 역사 과목 국정교과서 환원을 검토하겠다고 합니다. 일본도 비슷한 사례가 있었죠. 일본 우익들이 만든 후소샤 교과서가 그랬습니다. 초기에는 채택률이 굉장히 낮았는데 지금은 4퍼센트까지 올라갔다고 해요. 우리도 상황이 그렇게 될 수도 있을 거 같아요. 교학사 교과서는 친일

논란이 일 정도로 사실을 왜곡하고 있어요. 그런데도 이걸 밀어붙이는 이유가 뭘까요. 식민지였던 한국인의 입장에서 정서적으로 받아들이기 어려운 내용인데 말입니다. 본인들이 정말 친일파의 후예이기 때문에 그런 걸까요? (웃음)

손석춘 : 역사를 바라보는데, 특히 한국 근현대사를 어떻게 볼 것이냐를 둘러싸고 지난 10년 동안 전쟁이 벌어져 왔죠. 수구 세력들은 이승만을 정통성으로 삼고자 합니다. '건국의 아버지'로 추앙하려는 움직임이 있었고요. 실제로 지금 대한민국 국회에 이승만 동상이 세워져 있잖아요. 참 어이없는 일이죠. 과거 학생들의 피로 무너진 정권의 독재자를 대한민국 국회가 동상으로 세워놓을 수 있는지. 그 배경에도 이념 논리, 이북 문제가 개입되지 않습니까? "이승만이 아니었다면, 우리나라 전체가 지금 김일성 세습 체제 속에서 살고 있을 것이다." 이게 그들의 논리이거든요.

역사를 단순화시키는 건데요. 이승만을 반대하면 북한을 찬양하는 거고 북한을 비판하면 이승만 독재 체제를 인정하는 식으로 이해하는 거니까요. 이전부터 남과 북 사이를 자유롭고 평등하게 오가는 그런 공론장이 형성되어 있었다면 달랐겠죠. 이승만 아니면 김일성. 이거는 사실 단순 논리거든요. 해방 공간 한국 사회에는 다양한 정치적 스펙트럼을 가진 인물들이 있었습니다. 이를테면, 미군정 여론조사에서 대통령에 선출될 가능성이 가장 많은 사람으로 꼽혔던 박헌영15)도 있고, 김구도 있고, 여운형도 있었습니다.

> 15) 박헌영은 남과 북 모두에서 금기가 된 정치인이다. 『박헌영 트라우마』(철수와영희, 2013)

이런 역사적 사실을 싹 무시하고 이승만이 아니었으면 김일성 체제가 되었을 것이다, 이런 식으로 단정하는 것은 논리적인 비약이에요. 그런데도 한국 사회에서 그러한 논리가 자연스레 받아들여지게 된 데에는 수십 년을 이어온 독재 정권의 반공 교육이 주요했을 겁니다. 하지만 이런 단순 논리를 공략하는 데 소홀했던 진보의 탓도 큽니다. 일정하게는 김일성에 대해 너무 과도하게 평가하는 사람들이 분명히 있으니까요. 바로 그렇기에 친일, 친독재 성향의 뉴라이트 역사관이 어느 정도 먹혀든 측면도 있어요. 하지만 한국 사회가 그런 역사 왜곡을 구분할 수 있는 능력이 있다는 것이 이번에 '교학사 교과서 채택률 제로'라는 현실에서 확연히 드러났습니다. 그렇다고 방심할 문제는 아니라고 생각해요. 제가 있는 학교에서도 연평도 포격 사건 때 학생들의 분위기가 달라지는 모습이 발견되거든요. 사실 연평도 포격은 말이 안 되는 거죠. 어떻게 그런 포격을 할 수 있는지 이해할 수 없는 일이죠.

뉴라이트 역사 인식이나 역사 교과서 문제는 분단 현대사를 어떻게 볼 것인가 하는 문제와도 이어져 있습니다. 우리 내부에서 이제는 북을 어떻게 바라봐야 할 것인지, 1980년대와 다른 성찰이 필요한 시점이라고 봐요. 삼대까지 후계 체제가 이어지고, 극심한 아사 상태를 겪었는데도 여전히 북에 대해서 80년대적 사고를 하고 있다면 그것은 옳지 못하고 게으른 판단이죠. 경험에서 아무것도 배우려고 하지 않는 거니까요.

통일은 누구의 대박인가-통일 담론 되찾아오기

지승호: 오늘날 정치 상황을 보면 보수·수구세력이 종북 프레임으로 북한이라는 존재를 남한 정치에 이용하는 셈인데요. 남북 문제가 남한 사람들의 삶을 크게 규정하는 것이긴 하지만, 사실 국민은 별로 할 게 없지 않습니까? 민간인이 교류하면서 관계를 풀고 싶어도 정부가 열어줘야 할 수 있는 거고요. 통일은 늘 대통령의 주요 어젠더였고, 남북 문제에 관한 한 정부에서 어떻게 하느냐에 따라서 국민은 따라갈 수밖에 없는데, 이럴 때 국민은 어떤 인식을 가지고 대처

해야 할까요?

손석춘: 통일운동이 1980년대에 대중적으로 많이 퍼져나갔었잖아
요. 그때 모든 통일은 선(善)이다, 이런 인식이 운동권에 있었습니다.
그런데 지금은 같은 얘기를 박근혜가, 〈조선일보〉가 하잖습니까? 상
황이 달라진 거죠.

지승호: 박근혜 대통령도 "통일은 대박이다"
라는 말을 했어요. 〈조선일보〉는 북한에 희토
류(稀土類)[16]가 몇경 원 어치가 매장되어 있다
면서 경제적 가치를 강조하고요.

> 16) 반도체 등 전자제
> 품이 들어가는 재료.
> 중국이 희토류를 무기
> 화하면서 세계적 관심
> 자원이 되었다.

손석춘: 흡수 통일에 대한 자신감이라고 볼 수 있겠죠. 그럴수록 통
일운동이 중요합니다. 하지만 저는 과거의 통일운동 단계에서 벗어
나야 한다고 생각을 해요. 예를 들자면, 정치사회적 통일을 통한 자
주, 이런 문제보다는 통일이 되었을 때 남쪽이 가지고 있는 신자유
주의적인 정치경제 체제를 벗어날 수 있는 가능성이 더 높아진다는
점을 주목하자는 거죠. 그건 과학적인 근거가 있습니다. 예를 들면
5,000만 정도의 시장으로는 내수 시장에 근거한 경제 발전 정책을
펴기에 제한이 있거든요. 하지만 이북까지 아우른다면 달라지죠. 영
국이나 프랑스 인구보다 많으니까요. 그러니까 수출을 그만 하자는
게 아니라 수출과 내수가 균형이 잡힌 경제 발전 정책을 펴나갈 수
있는 거죠.

　정치적 접근보다는 그런 통일 민족 경제권을 형성해갈 때, 그런
식으로 남북 관계가 풀려갈 때, 내 삶이 나아질 수 있다는 것을 비정
규직 노동자, 농민, 청년 실업자들에게 이야기해나가야 할 것 같아요.

　그런 식의 통일운동을 펴나가려면, 과거와 같은 학습 모임이 필요
해요. 1980년대에 대중적으로 북한 바로 알기 운동을 했잖아요. 이
게 스터디서클을 통해 퍼져간 거잖아요. 지금 그런 학습 모임이 필요

합니다. 정말 북을 바로 알아야 할 때예요. 또 통일이 되었을 때, 혹은 정치적 통일 이전에라도 남북 경제 협력이 강화되면 남쪽의 경제가 새로운 패러다임으로 재구성이 가능하고, 그때 내 삶이 어떻게 달라질 수 있는지 적극적으로 공부하고 알려야 할 것 같아요.

〈조선일보〉가 최근에 독일 통일에 기여한 학자의 얘기를 들어서, 청년들의 일자리가 대폭 늘어난다고 얘기하잖아요. 사실 그건 우리가 해왔던 이야기죠. 우리가 더 적극적으로 이야기해야 합니다. 〈조선일보〉가 말하는 '일자리'라는 건 비정규직일 확률도 많은 거고요. 그보다 거시적인 관점으로 접근해야 합니다. 새로운 경제 틀을 제시하는 거예요. 일자리가 늘어나는 것은 물론 우리 삶이 근본적으로 나아질 수 있다는 사실을 알려야 합니다. 그러지 않으면 〈조선일보〉식의 논리에 먹혀들어갈 가능성이 커요. 진보는 이석기식 사고처럼 통일을 준비하고 있으니까 점점 외면받게 되고요. 진보 진영이 새롭게 변화하는 상황에 올바르게 대처해야 합니다.

지승호: 이명박 정권 때부터 계속 남과 북의 교류는 끊겨 왔잖아요. 개성공단도 그렇고요. 박근혜 정권 들어 한 번 폐쇄됐다가 다시 열리긴 했지만, 예전만큼 활력이 생길지는 의문이고요. 금강산 관광도 아직 정상화되지 않고 있는데. 갑자기 "통일은 대박이다." 이러니까 당황스럽긴 하더라고요. 이분이 무슨 생각을 하는 건지. 아버님 때의 경험도 있고 하니까, 7·4 남북공동성명 발표한 이듬해 유신 체제로 간 생각도 나고요. (웃음)

손석춘: 장성택 사건[17]을 보면서 박근혜 정권은 고무된 것 같아요. 흔들 수 있다는 생각을 하는 것 같고요. 그 과정에서 국정원은 계속 영향력을 키우려고 할 겁니다. 통일 쪽 글을 계속 써오는 지인한테 제가 들은 이야기로는, 남재준 국정원장이 박근혜보다 훨씬 더 강성이래요. 말도 잘 안 듣는다고 하더군요. 박근혜가 뭐

17) 2013년 12월 북한에서 권력의 이인자로 불리던 장성택이 숙청당한 사건.

라 그러면, 듣는다기보다 오히려 박근혜를 설득하려고 한답니다. 남재준이 사실은 노무현 정권 때 육군참모총장 하던 사람이잖아요. 군인으로서 나름 확고한 의지가 있는 거 같아요. 작년에도 건배 제의를 이렇게 했다는 겁니다. 장군들 다 보는 자리에서 "2015년 통일을 위하여! 우리 조국을 위하여 죽자!" 남들이 보기엔 어떨지 몰라도 아마도 본인은 진지할 겁니다. 이런 요인들이 섞여서 박근혜 정권 내부에서는 통일에 대한 분위기를 만들고 싶어하는 흐름이 있는 거예요. 그래서 나온 게 "통일은 대박." 같은 말입니다.

지승호: 정동영 전 통일부장관하고 인터뷰하면서 그런 얘기가 나왔습니다. 노태우 정권 시절에 남북 간에 분위기가 굉장히 좋았잖아요. 대통령도 의지가 있었고요. 그런 상황에서 안기부(지금의 국정원)가 몽니를 부립니다. 북으로 회담을 하러 간 사람에게 회담을 깨고 내려오라는 공문을 보낸 거예요. 대통령 허락도 없이 말이죠. 그 사실을 안 노태우가 노발대발했다고 하더라고요. 하지만 그때 대통령 선거 앞두고 레임덕에 처한 상태라 어쩌지 못했다고 하던데요. 그런 걸 봐도 정보기관의 전횡이 남북 문제에도 주요 변수가 되는 거 같습니다. 청와대를 무시하고, 개별적인 액션을 취할 수도 있다는 얘기잖아요.

손석춘: 그럴 수도 있겠죠. 결과적으로는 자꾸 노무현을 비판하게 되는데요. 고인에 대한 비판이 목적이 아니라 민주 세력이 앞으로 정권을 잡을 때 같은 실수를 되풀이하지 말자는 뜻임을 분명히 밝힙니다. 저는 노무현이 대통령 현직에 있을 때도 신문 칼럼으로 썼지만, 남북 정상회담이나 남북 관계를 임기 초반에 적극적으로 진전시키지 못한 데 대한 아쉬움이 있어요. 집권 초기 남북 관계를 진전시켜야 할 상황에서 엉뚱하게 대북 송금 특검을 받아들였잖아요. 그러다가 2007년 대통령 선거를 두 달 남겨놓고 10월에 남북 정상회담을 했어요. 이때 공동 합의문을 발표하고는 "대못을 박아놨다"는 식으로 표현했잖아요. 사실 신중하지 못한 언행이었습니다.

지승호: 좋게 해석하면 남북 관계는 돌이킬 수 없을 정도로 확실히 진전되었다는 선언으로 들리지만, 반대편에서 볼 때는 불쾌하고 공격적으로 느껴졌을 수도 있었겠네요.

손석춘: 대선을 두 달 앞둔 합의이니까, 다음 정권을 바라보는 세력으로서는 네가 해놓은 걸 나는 그냥 따라가라는 얘기냐, 그런 반발 심리가 발동될 수 있죠.

지승호: 실제로 이명박 정권은 박아놨던 '대못'을 너무 쉽게 뽑아버렸고요.

유권자는 대안을 바란다

손석춘: 통일 문제만이 아닙니다. 노무현은 한국 경제는 누가 대통령이 되더라도 잘 된다고도 했죠. 정권이 바뀌어도 괜찮다는 얘기거든요. 보수·수구 세력을 과소평가한 측면도 있을 겁니다. 거듭 말씀드리지만 반성해야 합니다. 대통령 선거에서 2007년, 2012년 두 차례나 졌는데도 추앙하는 분위기가 커질 뿐 성찰이 없는 게 못내 아쉽습니다.

지승호: 노무현 정권이 삐걱거린 데는 관료 조직과의 갈등도 한몫한 것 같습니다. 관료들을 개혁의 대상으로 본 거죠. 정권에 몸담은 사람들 일부는 공무원들에게 적대적인 태도를 보였다고 합니다. 말단 행정관들이 나이가 든 공무원들한테 반말하고 그랬다는 얘기도 나왔었죠. 일부 공무원들이 정권의 그런 태도가 너무 싫었다고 말하는 걸 들었습니다. 정작 일을 해야 할 사람들을 자기편으로 끌어들이지

못한 거예요. 그래선 안 됩니다.

　예컨대 김상곤 경기도 교육감 같은 분은 기존에 있던 사람들을 설득해서 일했다고 하더라고요. '코드 인사'로 물의를 일으켰던 노무현 정권과 비교되는 부분입니다. 지금 당장은 '코드'가 맞는 사람을 새로 들여서 일하는 게 편하겠지만, 그 사람들은 기존 업무에 대해 잘 모르잖아요. 개혁을 하려면 관련 분야에서 꾸준히 일해왔던 사람을 설득해서 자기 사람으로 만들어야 합니다. 김상곤 교육감 얘기를 계속 드리자면, 제가 인터뷰하면서 코드 인사를 통해 사람을 바꿨느냐고 물었어요. 그랬더니 함께 일할 핵심적인 사람 네 명 정도만 같이 갔다. 다른 사람은 계속 일해왔던 교육 공무원들을 설득해서 함께 갔는데, 그 덕에 자기가 재선됐을 거라고 하시더라고요.

　저는 그런 식의 포용적인 태도가 대단히 중요하다고 생각합니다. 관료 조직의 특성상 책임자가 바뀌면 공무원 같은 구성원들은 경계할 수밖에 없어요. 워낙 오래된 관습이기에 복지부동하는 측면도 있지만 오래 일해왔으니 전문성도 있을 겁니다. 개혁을 하려면 이들의 전문성을 인정해주는 한편 함께 갈 수 있도록 비전을 제시하면서 설득해야 해요. 그런데 기관장으로 부임하자마자 개혁의 대상인 양 죄인 취급하면 어떻게 되겠어요. '나중에 두고 보자, 어차피 임기 끝나면 바뀔 테니.' 이런 생각을 하지 않을까요? 조급하게 생각하지 말고 시간을 두고 차근차근 끈질기게 바꿔나가는 태도가 중요한 것 같습니다.

　어차피 지난 얘기지만, 다음에도 그런 태도를 버리지 못한 채 국정을 수행한다면, '또 그러네.'하면서 사람들이 등을 돌릴 거예요. 그러면 또다시 보수의 역습을 받게 되겠죠.

손석춘: 이번에는 정말 준비 많이 했구나, 바꾸려는 의지로 충만하구나, 참 신뢰할 만하다, 이런 느낌을 줘야 합니다. 그렇지 않으면 결집이 안 되죠. 2002년 노무현 후보가 나올 때는 뭉쳤잖아요. 한번 해보자, 힘을 모아 최선을 다하자, 그런 움직임이 있었는데, 2012년

문재인의 선거는 그런 열정이 보이지 않았어요. 왜 그런가를 짚어야
합니다.

지승호: 저는 2012년 총선에서는 절대 질 거라는 생각을 하지 않았
어요. 그 때문에 결과를 보고 충격을 받았었고요. 우리나라 선거는
누가 좋아서라기보다 상대방이 싫어서 찍는 측면이 강하잖아요. 이
명박이라는 호재(?)가 있었음에도 선거에서 졌다는 건 앞으로 더욱
어려워질 수 있다는 거거든요. 진보·개혁 세력은 2010년 지방선거를
빼고는 다 졌습니다. 오히려 2010년 지방선거는 상황이 좋지 않았어
요. 천안함 사태[18]도 있었고 북풍이 먹
히는 분위기에서 충남지사, 경남지사, 강
원지사, 진보 교육감들까지 당선되면서

> 18) 2010년 3월 26일 백령도
> 근처 해상에서 해군 초계함
> '천안'이 침몰한 사건.

압승을 거두었잖아요. 그때는 진보·개혁 세력이 확실히 의제를 선점
했었죠.

손석춘: 2010년 선거는 무상 보육, 무상 급식이 최대의 쟁점이었잖
아요. 그런데 2012년 총선과 이어진 대선에서 민주당과 문재인 후보
는 '경제 민주화'라는 의제를 박근혜에게 뺏겼어요.

지승호: 팟캐스트〈이슈 털어주는 남자〉를 진행하는 김종배 선생님
도 그런 얘기를 하던데요. "지금은 서울시장 선거에서 새누리당이
인물난을 겪고 있지만, 실제로 선거에 가보면 얘기가 달라지는 경우
가 너무 많았다. 그렇기에 무상 급식 같은 의제가 있어야 한다." 선거
에서 이기려면 보수 정권에 대한 실망감에 기대기만 해서는 안 됩니
다. 이쪽에서 국민에게 희망을 줄 수 있는 뭔가가 있어야 해요. 상대
의 실정만 물고 늘어져서는 유권자들의 관심을 끌지 못하거든요. 계
속 같은 얘기네, 하면서 지겨워합니다. 2012년 선거에서 왜 문재인
후보가 패배했을까요? 이명박, 박근혜만 계속 공격해대니까 사람들
이 짜증이 나는 거예요. 다 아는 얘기거든요. 2010년 지방선거 때처

럼 무상 급식이나 복지 정책을 좀 더 강조했어야 합니다.

손석춘: 저는 사실 이번 지방선거에 과도한 의미를 부여하고 있진
않아요. 그 선거가 중요하지 않다는 게 아니라, 더 중요한 문제들이
있어서이지요.

　　지승호: 이번 지방 선거에서 만약 서울시장을 보수 세력이 가져간다
　　면 상징적인 면에서도 그렇고, 진보·개혁 세력에게는 심각한 타격이
　　되지 않을까요?

손석춘: 그런데 박원순 시장이 질까요? 부지런하게 열심히 뛰어다니
잖아요?

　　지승호: 박원순 시장에 대한 시민들의 평가가 나쁘지 않은 것 같지
　　만, 상대편이 워낙에 반칙도 잘하고, 상상을 초월하는 구석이 있으니
　　까 장담을 못하겠더라고요. (웃음)

손석춘: 박원순 시장 잘하죠. 다만 본인이 진보 세력하고는 일정하
게 선을 긋는 것처럼 보입니다. 열정을 모으는 데 한계가 있는 거죠.
박 시장만 그런 건 아닙니다. 민주당도 그렇고, 노무현도 그렇게 진보
와 거리 두기를 했어요. 지금도 민주당 사람들은 진보 쪽 사람들과
함께 이야기하고 일을 벌여나가는 걸 꺼려요. 그러면 안 됩니다. 함께
열정을 모아나가야죠. 그래야 선거에서 이길 수 있습니다.

기업이 된 학교—대학의 보수화

지승호: 네, 그럼 이번에는 '학교' 이야기를 한 번 해볼까 합니다. 아까 선생님께서 학생들을 가르쳐보니까 희망이 있다, 선생님들 하기 나름이다, 이렇게 말씀을 하셨는데요. 실제로는 지금의 이십 대에 대해 비관적인 평가를 많이 합니다. 스펙 쌓기에 열중하느라 사회 문제에 귀 기울이지 않는다는 거죠. 그런 비판을 하시는 분 중엔 강단에서 학생들을 가르치는 분들도 상당수 계시고요. 학생들에게 섣불리 기대를 접거나, 아니면 반대로 너무 낙관적이거나, 두 개의 극단이 있는 거 같거든요. 둘 다 현실을 제대로 파악하고 못하고 있다고 생각합니다. 비판에 앞서 지금 젊은이들 상황을 제대로 이해하려는 작업이 선행되어야 하지 않을까요.

오찬호 씨가 쓴 『우리는 차별에 찬성합니다』라는 책이 있는데요, 거기에 보면 경쟁이 내면화된 젊은이들 이야기가 나와요. 정규직 전환을 요구하면서 싸우는 KTX 승무원들에 대해 학생 중 3분의 2가 "노력도 안 하고 날로 먹으려고 하나?"는 식의 반응을 보였다는 거예요. 놀랍지 않습니까?

손석춘: 저는 아직 그런 식으로 반발하는 학생은 보지 못했어요. (웃음) 젊은이들에게 어떤 식으로 말 걸기를 하느냐에 따라 다를 것 같아요. 고전적인 가르침이 있잖아요, 스스로 말하게 하라는. 그러도록 해야지, 특정 답으로 유도하는 식으로 하면 저항감을 느끼죠. 저는 이야기할 때 솔직하게 해요. 이건 내 생각인데 여러분 생각은 어떤지, 결정은 여러분이 해야 한다. 나는 이런 게 있다는 정보를 알려주는 것뿐이라고, 이러면서 이야기를 풀어가거든요.

학생들에 대해서 희망이 없다고 얘기하는 교수들에게는 꼭 이런 질문을 던져보고 싶어요. 학생들하고 얼마나 충분하게 이야기를 해보았는가, 학생들하고 모임을 만들어서, 학습하고 토론하는 그런 노력을 했는가? 저는 밖에서 시민사회 활동을 하며 보내는 시간을 절반으로 줄여서라도 학교 안에서 학생들과 함께 책을 읽고, 학습하고 토론해보라는 말씀을 드리고 싶어요. 저는 그게 교수가 해야 할 일, 대학을 살리는 길이라고 생각해요. 그런데 그렇게 한다는 이야기를 들은 적이 없어요.

대학 내 진보적 교수들의 비율은 1980년대, 1990년대, 2000년대 오면서 계속 하강 곡선을 그렸고 앞으로도 그럴 거예요. 안 그래도 그 수가 적은데 퇴임 시기가 온 거예요. 후임은 거의 보수적 학자로 채워집니다. 미국식 사회과학자, 미국식 박사들이 대학을 지배하는 거죠. 1980년대만 해도 대학 총장들이 지식인의 사명에 대해서 얘기했는데 요즘에는 그런 게 아예 없어요. 총장들이 다 경제학이나 경영학 하는 사람들이죠. 인문적 소양하고는 거리가 먼 사람들입니다.

예를 들어 연세대 정갑영 총장은 전경련(전국경제인연합회) 사람이라고 해도 과언이 아닙니다. 재벌들 모임인 전경련에서 주는 상도 받았죠. 서울대 오연천 총장은 공기업민영화 추진위원회 위원장이었고요. 아까 얘기한 연세대 총장도 확고한 민영화론자이지요. 이런 사람들이 대학 총장을 하고 있는 거죠.

> **지승호**: 학생들도 영향을 받을 수밖에 없겠네요. 총장이 그러면 아무래도 자기와 성향이 비슷한 교수를 선호할 거고요.

손석춘: 진보적인 교수들이 자기가 소수다, 라고 생각하고 포기할 게 아니라 학생들하고 생각을 나눠가야 합니다. 그런 과정에서 자기도 힘을 얻을 수 있을 것 같아요.

> **지승호**: 젊은 학생들한테는 그런 반발들도 있지 않나요? 진보 진영에 있는 교수들이 굉장히 좋은 얘기를 하지만, 자기들 대하는 태도는 꼰대 같다고.

손석춘: 잘 모르겠어요. 저도 학생들에게 그럴 수 있고요. (웃음) 제
앞이라 내놓고 이야기하지 않는 건지도 모르죠.

지승호: 진보와 보수를 떠나 우리 사회에 여전히 권위주의가 남아
있는 것 같습니다. 선생님께서는 학생들한테 반말도 잘 안 하시고 그
럴 것 같은데, 원래 그래야 하지 않나요. 옛날에 이황 같은 학자도 당
시 한참 어린 기대승(奇大升)[19]과 논쟁
할 때 존댓말로 편지를 주고받았잖아

요. 어떻게 보면 지금이 조선 시대보다 더 나이를 따지는 것 같습니
다. 선후배 관계를 따지고요. 1년만 나이 차이가 나도 막 대하는 문화
가 있지 않습니까?

손석춘: 그렇죠. 제가 강단에 서기 전 신문사에서 데스크를 볼 때,
수습 마치고 우리 부서로 온 기자에게 말을 높였더니 당황하더라고
요. (웃음)

지승호: 역사에서 나이는 아무런 의미가 없지요. 2, 30년 차이가 아
무것도 아닐 수 있잖아요. 100년 후에 태어난 사람이 더 위대한 사
상을 가질 수도 있는 거고요. 후배들의 얘기를 경청하는 태도가 필
요할 것 같습니다. 일단 얘기를 듣고 나서 '네 생각은 그러니, 내 생각
은 이렇다'고 해야 하는데, 자기 얘기만 늘어놓고는 받아들이지 않
는다고 '요즘 애들은 안 돼.' 하는 경향이 있는 것 같습니다.

손석춘: 한국 사회에 그만큼 권위적 문화가 퍼져 있는 거죠.

4부
우리 시대의 대자보를 위하여

박근혜의 권위주의

지승호: 박근혜를 일컬어 불통 대통령이다, 권위주의적이다, 하면서 비판하잖아요. 그 이유가 뭐라고 생각하십니까? 선생님께서 책[20] 에도 쓰셨지만, 박근혜 대통령이 실제 서민적이지 않다, 서민적인

> 20) 『박근혜의 거울』(시대의창, 2011)

삶을 알 수가 없다고 지적을 하셨는데요. 실제로 대통령이 되고 나서 여실히 증명된 것 같은데요, 그런 것들과 관련이 있는 건 아닐까요.

손석춘: 박근혜는 한 번도 서민으로 살아본 적이 없죠. 당연히 권위 적일 수밖에 없습니다.

지승호: 서민들의 애환이나 노동자들의 생각을 알 수 없을 거고요. 심지어 보수주의자들도 박근혜의 노동운동에 대한 인식이 심각하다 고 우려하거든요. 노동 운동하는 사람들은 회사를 힘들게 하고, 망하 게 하는 사람들이다, 노동운동 자체가 악이다, 이런 인식이 있는 것 같습니다. 회사가 잘되면 시혜를 해줄 수 있는 대상일지언정, 대화하 고 타협할 상대는 아니라는 생각이지요.

손석춘: 박근혜는 어려서부터 청와대에서 살았잖아요. 그런 성장 배 경이 큰 거죠. 퍼스트레이디 역할까지 했으니까요. 그런데 그 시절 박 정희의 권력은 과거 조선 시대 국왕의 권력보다 강했죠. 박정희 자 신이 왕들 못지않은 주지육림(酒池肉林)에 빠졌고요. 그런 상태에 서 커왔기에 '공주'라는 비판을 받는 겁니다. 박근혜는 겸허하게 자 기를 돌아볼 필요가 있어요. 그런데 그런 자기 인식이나 성찰은 전혀 없어 보여요. 그게 한계죠. 사실 거의 공주로 컸잖아요. 청와대를 나 와서도 아시다시피 대학 재단 이사장, 육영재단 이사장, 정수장학회 이사장 이런 거 다 했잖아요. 보통 같은 사람 같으면 상상도 못할 자

리들이죠. 박근혜는 자기가 노동을 해서 돈을 벌어본 적이 한 번도 없는 사람이에요. 그래서 노동에 대한 생각이 닫혀 있어요. 최소한 진실을 알려고 하는 마음이라도 있어야 하는데, 그런 것조차 안 보입니다. 그러면 주변의 참모들이라도 사실을 알려야 하잖아요. 그게 대통령을 위해서도 좋은 건데, 설령 누군가 그런 역할을 한다 하더라도 박근혜가 조언을 받아들일 만한 그릇인지는 의문입니다.

지승호: 뭔가 정치를 한(恨)으로 하는 것 같고, 김어준 씨 표현을 빌리자면 "박근혜에게 정치는 아버지에 대한 제사"란 느낌도 들고요. 아버지의 자리를 되찾는 게 이 사람한테는 인생 최대의 목표였던 것 같습니다. 한 나라의 최고 통치자로서 비전 같은 것들이 과연 있었나 하는 의심이 들어요. 선거운동할 때와는 판이합니다. 그때는 전태일 동상도 찾아가고 했잖아요, 물론 거부당하긴 했습니다만. 농촌 시골 마을을 찾아가 할머니, 할아버지들을 일일이 찾아다니면서 악수하는 장면이 TV를 통해 방송되었지요. 대통령이 되고 나서는 전혀 그런 이벤트가 없어요. 해외 순방을 빼면 정말 구중궁궐에서만 지냅니다. 게다가 자기한테 불편한 얘기를 하거나 비판적인 사람들은 반국민으로 몰아가는 면도 있고요.

손석춘: 그 점에 대해서 김무성이 일찌감치 지적한 바 있죠. 박근혜는 대통령이 되기에는 민주주의에 대한 생각이 너무 없다고요. 그래놓고서도 지금 저렇게 같이 일하는 거 보면 대단해요. (웃음)

지승호: 이분이 맨날 상식과 원칙, 약속을 강조하는 정치인이었지만, 사실은 그렇지 않다는 걸 대통령이 되고 나서 많이 보여주셨죠. (웃음) 대통령이 되시고 나니까 이젠 대놓고 무시합니다. 뻔뻔하게 변명도 하지 않고.

손석춘: 더는 눈치 볼 일이 없는 거죠. 지나간 일은 어쩔 수 없고, 우

리로선 다음 대통령 선거를 잘 준비해야 합니다. 지방자치단체도 그렇지만 더 중요한 것은 입법부와 행정부예요. 국회의원과 대통령을 뽑는 선거에서 패배를 되풀이해서는 안 됩니다. 보수·수구 세력의 약진을 막아야 합니다. 계속해온 이야기이지만, 그러려면 진보의 재구성이 필요해요.

지승호: 돌이켜보면 진보·개혁 세력이 너무 쉽게 본 측면이 있어요. 팽팽했던 2012년도 대선도 그렇지만 2007년 대선에서도 이명박의 당선 가능성이 매우 큰 상황에서 미온적으로 대처했어요. 일부에서 BBK[21] 하나만 잘 터뜨리면 주저앉을 수 있겠다고 생각했지만 결국 착각이었습니다.

> 21) 1999년 설립된 회사 BBK의 주가 조작 사건을 말한다. 당시 이명박 대통령 후보가 실소유자라는 주장이 있었으나 검찰은 물론 특별검사 역시 무혐의 처분하면서 의혹을 남긴 채 사건은 종결되었다.

손석춘: 그랬죠. 이명박 정권이 들어설 가능성을 이야기하면 한 방에 보낼 수 있으니 걱정하지 말라고 했습니다. 하지만 당시 국민은 노무현 정권에 실망한 상태였어요. 너무 안일했습니다.

지승호: 당시 민주당을 비롯한 개혁 세력들은 비리 사실 몇 개만 터뜨리면, 이회창처럼 주저앉힐 수 있겠다고 생각했었나 봅니다. 하지만 2002년 선거 때와 달랐던 게, 그때는 노무현이라는 강력한 후보가 있었거든요. 게다가 후보 단일화 바람이 불고 있었습니다. 그런데 2007년도는 상황이 많이 달랐어요. 이명박이라는 상대를 너무 과소평가했던 측면도 있었던 것 같고요. 한편에서는 뭔 일이야 있겠느냐 하는 생각도 있었습니다. 이명박이 대통령이 되어도 큰 변화는 없을 거로 봤던 거죠. 하지만 실제로는 그렇지 않았죠. 막상 대통령이 바뀌자 '멘붕'을 일으킬 정도로 망가졌잖아요. 그렇게 자포자기한 상태로 5년을 보냈는데 또다시 박근혜가 된 거예요.

손석춘: 이명박에 이어 박근혜에게 패한 사람들이 왜 졌는지에 대한 냉철한 분석도, 겸손한 성찰도 없어요. 자꾸 깨어 있는 시민 얘기를 하면서 국민 탓을 합니다. 답답하죠.

지승호: 제가 우려하는 것도 그렇습니다. 5년만 버티면 되겠지, 누가 되든 박근혜보다 낫겠지, 하고 생각하잖아요. 그렇게 손 놓고 있다 보면 나중에 박근혜보다 더 심한 정권이 들어설 수 있다는 거예요. 그러면 지금 그쪽에서 차근차근 진행하고 있는 각종 민영화 정책들이 그야말로 '대못'이 되어 박히게 될 텐데 말이죠. 이 흐름을 바꾸지 못한다면 국민의 삶이 나락으로 떨어질 것은 불 보듯 뻔한 일이 아닐까요. 돈 없으면 병원에 가지도 못하는 세상이 안 온다는 보장이 없을 것 같습니다. 지금도 돈 없다고 진주의료원 같은 공립 병원을 폐쇄하는 상황이니까요.

손석춘: 그러게요. 홍준표가 아주 확신에 차서 강행한 경우죠. 이 정권에서 의료, 철도와 같은 공공서비스 분야의 민영화는 앞으로도 계속 이슈가 될 거예요.

박근혜 프레임을 둘러싼 논쟁

지승호: 이명박이나 박근혜 정권이 그렇게 자신만만하게 밀어붙이는 데에는 나와 상관없는 일에 눈감는 지금의 풍토와 관련이 있는 것 같습니다. 1980, 90년대만 해도 정권이 부당하게 밀어붙인다 싶으면 국민이 강하게 저항했잖아요. 사회가 보수화된 측면이 있기는 하지만 어쩌면 한국 사회에서 '정의'라는 개념이 사라져버린 건 아닐까 하는 생각이 듭니다. 선생님께서는 책[22]에 '한국은 정의감이 넘치는

사회다. 그런데 정의는 메마른 나라다'. 이렇게 표현하셨는데요. 이에 대해 어떻게 생각하시는지요.

22) 『그대 무엇을 위해 억척같이 살고 있는가?』 (철수와영희, 2012)

손석춘: 역사적으로 우리나라는 국민의 정의로운 저항이 끊이지 않았습니다. 2008년을 뜨겁게 달구었던 촛불 집회도 그렇고요. 지금도 국정원의 선거 개입을 규탄하면서 분신자살하는 분들이 나타나고 있잖아요. 이런 역사를 가진 나라가 또 있을까 싶어요. 1960년 4월 혁명. 그다음에 1980년 5월 광주 항쟁, 1987년 6월 항쟁, 7·8월 노동자 대투쟁 이런 큼직한 사건들이 27년 동안 압축적으로 일어났잖아요. 우리에겐 분명히 정의감이 넘칩니다. 그런데 이러한 국민적 저항이 정치를 바꾸는 힘으로 결집되지는 못했다고 생각해요. 그 결과 오늘날과 같은 위기에 처한 거고요. 시간도 많이 흘렀습니다. 사정이 예전과 달라요.

2014년 기준으로 보자면 4월 혁명세대는 70대예요. 이제 노년기로 들어선 거죠. 그분들도 삶을 마감하기 전에 좋은 세상을 한 번 봐야 옳지 않겠습니까? 이 땅에도 정말 민중의 지지를 받는 사람이 대통령이 되어서 통일을 이루는 세상 말입니다. 역사학자 강만길 선생님께서 그런 얘기를 하시잖아요. "우리는 대륙 세력과 해양 세력 사이에서 자주적인 정치 질서를 갖춘 경험이 거의 없다"라고 말이에요. 대륙 세력 아니면 해양 세력에 기울거나 아니면 지금처럼 분단된 채 살거나. 따지고 보면 굉장히 못난 민족이라는 이야기를 하셨는데요. 저는 우리나라가 그 굴레를 넘어서려면, 더딘 방법일지는 모르겠지만, 학습하고 토론하는 운동을 벌여나가야 한다고 생각해요. "안녕하십니까?"라고 시대의 안부를 묻던 그 학생들이, 학교에 각각 대자보만 붙일 게 아니라 그 앞에 모였던 학생들을 대상으로 학습 모임을 꾸려나갔으면 좋겠어요. 노동조합도 마찬가지고요.

지승호: 사회운동에서 조직, 학습, 선전, 이런 것들이 중요한데요. 모

두 약해진 것 같아요. 조직도 없고, 학습을 안 하니까 선전할 게 없어진 걸까요?

손석춘: 오늘날에는 '선전'보다 '토론'이라는 용어가 더 적합하겠어요. 토론하면서 자신이 학습한 걸 알려가는 식이니까요. 그게 인터넷 시대의 조직 방법입니다.

지승호 : 그럼에도 진보 진영에는 '나 홀로 문화'가 있는 것 같습니다. 선생님께서도 "논의를 한데 모아도 모자란 판에 누군가가 먼저 한 얘기는 절대 따라 하지 않겠다는 식의 문화가 진보 진영에 있다." 이렇게 말씀하신 적이 있으시지요.

손석춘: 새사연을 맡아서 일해나갈 때 한 말인데요. 당시 저희가 한국 사회의 현실을 분석하고 연구한 결과를 책으로 엮어냈습니다. 나름대로 대안을 제시하고 싶었지요. 그런데 진보 매체나 진보적인 교수들이 외면하더라고요. 당시 저는 그 이유가 학문적 사대주의에 있는 게 아닌가 하는 의심이 들었습니다.

지승호: '깃발'을 꽂고 싶어하는 경향이 큰 거 같아요. 보수 진영처럼 나눠 먹을 게 많지 않으니까 명분이라도 선점하려는 거죠. 박근혜가 '경제 민주화'라는 의제를 선점했을 때도 그런 것 같습니다. 저쪽이 먼저 제시한 이슈를 따라가는 게 쪽팔렸던 거지요. 저쪽이 좋은 얘기를 하면 "예전부터 우리가 했던 얘기야!" 이렇게 받아치고 나가야죠. 더 강력하고 더 실천력 있는 방안을 만들어서 국민에게 알려야 하는데, 소극적으로 질질 끌려갔잖아요.

손석춘: 그랬죠. 아마 박근혜 쪽이 제시한 프레임에 갇히지 않으려는 의도도 있었을 겁니다. 지식인들이 '프레임' 이야기를 많이 하는데요, 특히 노무현 정부 때 참여했던 사람들이 '조중동 프레임'이

라는 식으로 많이 사용했던 것 같습니다. 좋은 분석 틀이에요. 다만 '프레임' 개념을 오해하는 게 문제죠. 이를테면 박근혜가 경제 민주화 얘기를 했는데 우리가 거기 호응하면 그쪽이 설정한 프레임에 놀아나는 거다, 이런 식인 거예요.

하지만 경제 민주화는 본디 진보 세력이 제기한 거 아닌가요? 아까 말씀하신 대로 원래 우리가 주장했던 거고, 박근혜의 경제 민주화는 허울뿐이라는 사실을 알려야 하는데 그러지 않았습니다. 박근혜 프레임에 빠져서는 이길 수 없다고 판단한 거예요. 네티즌들 사이에서 특히 친노 세력 가운데서 그런 주장이 많았습니다. 이런 식으로 가면 계속 밀릴 수밖에 없어요. 누가 먼저 말을 꺼냈건 그게 국민 삶에 중요한 거라면 적극적으로 대처하고 논쟁하면서 싸워나가야죠.

지승호: 그런 의미에서 2010년 지방선거가 상당히 의미 있다는 생각이 듭니다. 당시 많은 사람이 비관적으로 전망했었는데요, 뚜껑을 열어보니까 질 것 같던 충청도, 심지어 경남지사까지도 얻었잖아요. 반대로, 해볼 만하다고 생각했던 서울시장과 경기도지사는 졌습니다. 특히 경기도지사는 압도적인 차이로 패배했어요.

손석춘: 네, 서울에서 한명숙, 경기도에서 유시민 두 후보 모두 패배했죠.

지승호: 노 전 대통령에 대한 추모 열기, 이명박 심판론이 들끓던 상황에서 왜 졌을까요. 위기감을 느낀 새누리당은 발 빠르게 움직였지요. 소위 '화장발'을 키웠습니다. 이자스민도 데려가고, 손수조 · 이준석 같은 젊은 친구들을 내세웠습니다. 김종인을 데려다 경제 민주화 이슈를 키웠습니다. 이런 쇼를 하는데 이쪽은 이미 이겼다고 생각했는지 자만심에 빠져 있었던 거 같아요. 계속 이명박 얘기만 합니다. 한편으론 한명숙 대표 체제에서 공천을 둘러싼 잡음이 일었습니다. 국민 눈에는 자기들끼리 밥그릇 싸움이나 한 걸로 인식된 거예요. 그

때 위기의식을 갖고 뜻있는 몇 사람이라도 불출마 선언을 하거나, 백의종군했더라면 어땠을까요. 진심 어린 반성과 함께 대승적 차원에서 자신의 기득권을 내려놓는 모습을 보였다면 상황이 그렇게 되진 않았을 것 같습니다.

손석춘: 좋은 지적입니다. 2012년 대선에서도 문재인은 국회의원 사퇴를 끝내 안 했잖아요, 박근혜는 하는데. 국회의원직을 사퇴한다는 건 굉장히 중요한 의미거든요. 반드시 이기겠다는 결기거든요.

민영화 반대 철도 파업이 승리인 이유

지승호: 다시 민영화 이야기로 돌아가서요. 촘스키가 "부패한 정부는 모든 걸 민영화한다"고 했는데요. 그 말을 증명이라도 하듯 현재 박근혜 정부는 다양한 방식으로 공공 부분의 민영화를 추진하고 있습니다. 최근에는 철도 민영화를 둘러싸고 파업이 벌어지면서 사회적으로 관심을 모았고요. 의사협회에서도 의료 민영화에 반발해서 단체 행동 움직임을 보이고 있지 않습니까.

손석춘: 박근혜가 밝힌 '경제 혁신'의 내용을 살펴보니 보건 의료 분야의 산업화 얘기도 있더군요.

지승호: 그러면서도 계속 민영화가 아니라고 해요. 실제로 담당 관료가 민영화라고 커밍아웃을 하는데도 우깁니다. 드러내놓고 추진하기에는 여론이 좋지 않은 거예요. 당시 박근혜 대통령의 지지율이 떨어지고 있었거든요. 그 때문인지 새누리당 유승민 의원 같은 사람들도 무리가 있다고 비판했습니다. 적자 노선 같은 데를 떼어줘서 경쟁

을 시키든지 해야 국민이 이해할 수 있을 텐데, 돈 잘 버는 흑자 노선을 떼주면 누가 좋다고 하겠느냐는 거예요. 유승민 의원이 친박 중의 친박이었던 사람이었는데요. 오죽하면 그런 얘기를 했을까 싶네요. 민영화라는 게 사실 한 번 추진되면 되돌리기가 어렵지 않습니까. 영국의 경우만 봐도 그렇고요.

손석춘: 앞에서도 말씀드렸지만, 그런 점에서 철도 노동조합 투쟁의 성과가 컸다고 생각해요. 너무 쉽게 타협했다고 비판하는 사람들도 있지만 현재 민주노총의 역량에 비춰보면 잘 싸웠다고 생각합니다. 중요한 것은 앞으로 어떻게 하느냐겠지요. 박근혜도 민영화 안 한다는데 웬 파업이냐고 하잖아요. 국민 여론도 좋지 않았지만 철도노조가 잘 싸운 이유도 있어요. 본인이 민영화가 아니라고 한 이상 박근혜 정부가 계속해서 철도 민영화를 추진하는 데 무리가 따를 겁니다. 덕분에 보건의료, 병원 민영화를 추진하는 데 상당히 제동이 걸렸으리라고 생각합니다.

지승호 : 민영화가 아니라는, 혹은 안 한다는 약속을 박근혜가 지킬 수 있을까요. 이명박 정부도 그랬잖습니까. 대운하 아니다, 4대강 정비다, 그랬지만 내용을 보니 사실상 운하였고요. 물론 박근혜와 이명박은 다른 점이 있습니다만, 정치적 신념 또는 사적이익 추구성향을 안 꺾는다는 점에서는 비슷한 것 같아요.

손석춘: 하지만 박근혜 입장에서는 다시 철도 민영화를 시도했을 때 잃을 게 너무도 많습니다. 안 한다고 자기를 믿어달라고 본인이 그랬거든요. 많은 사람이 이 사실을 기억합니다. 박근혜는 철도노조가 민영화를 하지 않는다는 자기를 믿지 않고 불법 파업을 하고 있다고 비난했지만, 사실 이게 부메랑이 된 거예요. 실제로 적지 않은 사람들이 '민영화 안 한다는데 왜 저래?' 이랬습니다. 이것이 철도노조 싸움이 얻어낸 성과라고 생각해요. 너무 낙관하고 있는지는 모르겠지

만 저는 그렇게 생각을 해요. 만약에 정부가 다시 철도 민영화를 시도한다면 그때는 철도노조에 대한 지지가 지금보다 훨씬 높아질겁니다. 게다가 박근혜도 임기가 어느 정도 지나가고 있을거고요. 지난 번처럼 밀어붙이지는 못할 겁니다.

지승호 : 어쩌면 저런 일방통행식 처리에 대한 국민의 반감이 깊어질 수도 있고요. 내가 정의다, 그러니 나만 따르라는 방식은 더 이상 안 먹히는 시대가 되지 않았나 싶어요. 그런 의미에서 민주주의 리더십이란 무엇인가 하는 문제를 한번 짚어보는 것도 좋을 것 같습니다. 흔히들 민주주의라는 게 다수결을 원칙으로 한다고 하잖아요. 여러 사람의 판단을 존중하자는 취지라고 생각합니다. 이와 관련해서 한때 '집단 지성'이라는 말이 유행했고요. 하지만 다수의 판단이 늘 옳은 것은 아니라고 생각합니다. 오히려 집단주의가 가져오는 위험성이 있지요. 소수가 옳은 얘기를 하는 것을 막아버릴 수 있거든요. 신라 시대 화백 제도처럼 만장일치 제도가 소수 의견을 보호하고 존중한다는 의미에서 더 민주적이지 않나 하는 생각이 들어요. 의견이 다른 한 사람을 끝까지 설득하고 동의를 구하는 거죠. 어쩌면 그 사람이 옳을 수도 있고요.

손석춘: 그렇죠. 지도자라면 소수 의견일지언정 경청하고 배려하는 태도가 필요하다고 생각합니다.

지승호: 그러려면 차분하게 듣고 토론하는 문화가 정착되어야 할 것 같다는 생각이 듭니다. 지금에 비하면 '토론 공화국'으로 불릴 정도로 많은 토론이 있었던 노무현 정부 때도 토론다운 토론이 이루어지지는 않았던 것 같아요. 서로 차이만 확인하는 식이었던 것 같습니다. TV 토론 프로그램을 봐도 그래요. 양극단을 데려다 놓고 싸움을 붙입니다. 진중권 교수와 변희재 대표가 논쟁이 붙으면 내용보다는 누가 이겼는지 그 결과에 집착해요. 일베는 "변희재 만세! 변희재가

이겼다." 그러고, 이쪽은 "진중권이 변희재를 이겼다." 이래요. 그런데 훌륭한 토론에 승부라는 게 존재할까요? 이기고 지는 싸움이 아니라 서로 존중하면서 생각을 좁혀갈 수 있는 토론이 많아져야 할 것 같습니다.

손석춘: 대화와 토론의 중요성은 아무리 강조해도 지나침이 없습니다. 말이 안 통한다고 포기하지 말고 계속 설득하고 동의를 구해야 해요. 그것만이 일방통행식 리더십을 가진 보수·수구 세력을 이기는 방법입니다.

새로운 정치, 새로운 진보를 준비하자

지승호: 선생님, 지금 민심이 굉장히 흉흉하지 않습니까? 앞으로 어떤 일이 터질지 걱정하는 사람도 많고요. 표창원 전 경찰대 교수 같은 경우에는 정권에서 자꾸 이렇게 모르쇠로 일관하다 보면 큰일이 벌어질 수 있다, 위기관리를 해야 한다. 국민을 자꾸 누르기만 해서는 큰일이 날 수 있다고 경고해요. 우리 현대사만 봐도 국민이 참다 참다 한 번씩 터뜨리지 않습니까?

손석춘: 저는 박근혜가 개과천선해서 갑자기 국민 목소리에 귀 기울일 거라는 기대는 전혀 없어요. 확실히 성찰력도 없어 보이고요. 문제는 우리 쪽, 진보·개혁 세력입니다. 앞으로 이어질 박근혜의 실정에 효과적으로 대처해나가야 해요. 한번 타올랐다가 꺼지는 식이 아니라 절제된 대응, 힘을 축적했다가 결정적 순간에 싸우는 식으로 전략을 잘 세워야 할 것 같습니다. 그러려면 중심이 확고하게 잡혀 있어야 해요. 민주당의 전면적인 재편성이 필요할 터이고요.

사실 민주당을 진보·개혁 세력이라고 부르기에 부족한 점이 많습니다. 역사적으로 봐도 해방 직후 친일 지주 세력의 정당인 한민당(한국민주당)에서 시작하잖아요. 그럼에도 여기까지 변화되어 오는 데는, 김대중이라는 정치인이 큰 역할을 했다고 생각해요. 정치인 김대중은 결정적인 고비마다 외부 수혈을 통해 민주당을 강화시켰습니다. 정말 파격적인 인사도 많이 했죠. 어떻게 보면 민주당을 지금 끌어가는 사람들 대부분이 바로 DJ가 받아들인 사람들이에요. 그런데 정작 당사자들은 자기 이해관계에 갇혀서 김대중 같은 개혁을 하지 못하는 것 같아요. 안 하는 것일 수도 있고요.

지승호: 김대중이라는 거인의 빛과 그림자일 것 같은데요. 다른 사람이었다면 진보 진영을 설득하기 어려웠을 거로 봅니다. '김대중이라면 현실적으로 바꿀 수 있을 것 같지 않아?' 하는 기대가 있었지요. 진보에서 민주당으로 둥지를 옮기는 사람들에게 좋은 핑곗거리였다고 할까요. '저런 지도자라면 내가 따를 만도 하지.' 라고 생각할 수 있을 정도로 포용력도 있고, 굉장히 똑똑한 사람이었습니다. 하지만 인물 중심으로 당을 끌고 가다 보니 안정적인 시스템을 구축하지는 못한 것 같습니다. 김대중이라는 사람이 없어지면 오합지졸이 될 수밖에 없는 상황을 만들어놨지 않나 하는 생각이 드네요.

손석춘: 그랬죠. 그 점이 사실 김대중의 한계인데요. 실제로 당이 자기에게 의존하게 만들었고, 측근들은 주로 '예스맨'으로 채웠어요.

지승호: 지금 민주당에는 그런 카리스마 있는 지도자가 없어요. 고만고만한 사람들끼리 당권 경쟁하고, 시민사회나 진보 진영에 손을 내밀 만큼의 역량도 없습니다.

손석춘: 현실은 그렇습니다만, 우리도 새로운 정치를 구상할 수 있다고 생각해요. 희망은 국민에게 있습니다. 질문을 하나 던져보죠.

브라질과 한국 중 어느 나라 국민의 정치의식이 높을까요? 물론 브라질 국민을 폄하하는 것이 아닙니다만, 대다수가 브라질보다 못 하다는 생각은 안 할 거예요. 그런데 두 나라의 정치는 어떻습니까. 김대중 · 노무현 정부 10년 동안 우리는 부익부 빈익빈 문제를 해결 못 했어요. 그런데 바로 그 시기에 브라질의 룰라 정부는 해결했거든 요. 빈부 차이가 좁혀졌죠. 룰라조차도 신자유주의에 포획됐다고 주 장하는 진보 정치인이 있지만 저는 그런 주장에는 동의하지 않아요. 포획된 노동운동 지도자라도 좋으니까, 룰라 같은 사람이 대한민국 대통령이 되었으면 정말 좋겠어요.

저는 노동조합 일을 한 사람이 대통령이 되는 모습을 정말 보고 싶 은데요. 룰라가 연임해서 8년 동안 집권하고 임기 말에 여론조사가 있었잖아요. 무려 80퍼센트예요. 브라질 국민의 80퍼센트가 물러나 는 대통령에게 여전한 지지를 보냅니다. 우리와 비교해보면 어마어 마한 차이가 있습니다. 우리는 왜 그런 대통령을 만들어내지 못하는 걸까요? 지금도 박근혜는 저렇게 실정을 계속하는데도, 마땅한 대안 도 변화시킬 주체도 보이지 않습니다. 다 지리멸렬해져 있어요. 하지 만 그건 뒤집어서 생각해보면 우리가 상상도 못하는 곳에서 새로운 흐름이 시작될 수도 있다는 얘기가 아닐까요. 역사는 그렇게 발전하 는 것이니까요. 그 전환의 계기를 어떻게 만들어 나가느냐에 따라서 달라질 수 있을 것 같습니다. 한국 국민에게는 저력이 있어요. 그러 므로 쉽게 실망하거나 자포자기할 이유는 없습니다.

지승호: 새사연에서 베네수엘라 연구도 많이 하셨잖아요. 좀 더 자 세히 말씀해주시겠습니까.

손석춘: 네. 노무현 정부 때 연구해서 책[23]으로 내놓았죠.

> 23) 『베네수엘라, 혁명의 역사를 다시 쓰다』(시대의창, 2007)

지승호: 베네수엘라는 우리보다 언론 환경이 100배는 나쁘다고 들

었습니다. 군부가 차베스를 제거하려고 쿠데타를 일으킨 적도 있고요. 그러다가 300만 국민이 모여서 항의 데모를 하니까 결국 차베스를 살려줬지요. 그런데도 차베스는 보복하지 않았더라고요. 자본파업을 1년씩이나 한 공기업 사장을 내치지도 않았습니다. 임기가 끝난 다음에 교체했어요. 우리 같으면 당장 내치고, 자기 사람을 꽂았겠지요.

손석춘: 모든 게 국민의 지지를 등에 업었기에 가능한 일입니다. 끝까지 국민을 믿어야 해요. 만약에 김대중이 대통령에 당선된 직후부터 1970년대부터 주창해온 '대중경제론'을 실현하기 위해 열정을 쏟았다면 국민의 지지를 엄청나게 받았을 거예요. 대중경제론이 뭡니까. 대기업 위주의 수출 전략을 비판하고 서민 대중 위주의 국내 시장을 활성화하자는 거잖아요. 당시 IMF 경제 위기 상황에서 어려웠을 수 있습니다. 외국 자본들의 요구가 거셌으니까요. 구조 조정으로 수많은 사람이 거리로 나앉았지요. 하지만 이를 막고자 미국을 비롯한 외국 자본들과 맞서는 모습을 보였다면 국민적 지지는 엄청났을 겁니다. 대중이 경제에 참여하는 경제 시스템을 만드는 과정에서 외세와 부딪쳤다, IMF와 충돌했다, 이랬다면 우리 국민의 정치의식도 한 단계 업그레이드됐을 거예요. 지금처럼 외국 자본 유치가 대단히 큰 성과인양 떠들어대는 일도 없을 테지요. 재벌과 외국 자본이 서민들 편이 아니라는 사실을 그때 깨달았을 겁니다.

하지만 김대중 정부는 그러지 않았습니다. IMF를 필두로 한 외국 자본의 요구에 순응했지요. 노무현도 마찬가지입니다. 선거 혁명을 일군 노사모라는 든든한 지지 세력과 함께 공약대로 분배 정책을 밀어붙이고 개혁을 추진해나갔다면, 그의 집권 5년과 퇴임 이후가 사뭇 달라졌을 겁니다.

베네수엘라의 차베스는 지지 세력을 주민 모임으로 다시 조직화하고 새로운 헌법안이라는 비전을 공유하면서 계속 학습해나갔습니다. 차베스의 지지 세력은 점점 정치의식이 높아지면서 그 이후에 진보적인 정책들을 구현하는 데 핵심적 구실을 합니다. 반면 한국의 노사모는 맹목적인 지지로 몰락을 자초합니다. 2002년에 그렇게 혁명적인 시민 참여 모델을 만든 사람들이 노무현이 대통령이 되자 동력을 잃어요. 대통령이 무슨 일을 하든, 심지어 공약과는 정반대되는 일을 해도 지지하고 변호합니다.

그 두 사람이 처절하게 뭔가를 실현하기 위해서 노력하다가 무너졌으면 정말 괜찮은데, 김대중은 공기업까지 다 팔아넘겼고, 노무현은 한미 FTA를 강행했고, 그 결과가 지금 우리의 현실 아닙니까? 그래서 저는 새로운 운동, '새로운 바보'들이 필요하다고 봅니다. 제가 노무현에 대해서, 친노 세력에 대해서 비판을 하는 이유는 이런 거예요. 그 사람들의 열정 알아요. 그런데 그 열정을 업그레이드 시키지 않으면 지금 우리가 박근혜 정권을 목도하는 것처럼 다음 선거에서도 절망적일 수밖에 없다는 겁니다. 자기 성찰에 근거한 학습과 겸손한 소통이 없으면 아무리 추운 광장에서 물대포 맞아가면서 싸워도 또 다른 이명박, 또 다른 박근혜를 만날 수밖에 없다는 사실에 대해서 제발 좀 경각심을 가졌으면 좋겠어요.

민주주의라는 별을 향하여

지승호: 선생님께서는 책에서 민주주의가 "인생, 싸움, 대화, 정치, 경제, 주권, 사람이라는 일곱 가지 색깔로 이루어졌다"라고 하셨는데요, 좀 더 자세히 말씀해주셨으면 합니다.

손석춘: 제가 쓴 책의 내용을 말씀드리려니까 민망한데요. 한마디로 정리하면, 민주주의의 정의는 '민중의 자기 통치self government'라는 겁니다. 바로 대한민국 헌법 1조의 정신과 통합니다. "모든 권

력은 국민으로부터 나온다." 더 이상의 설명이 필요 없을 정도로 민주주의를 정의하고 있어요. 그런데 거기에 왜 '모든'이라는 말이 들어갔을까요? 그건 정치권력뿐만 아니라 세상 모든 권력이 국민으로부터 나온다는 뜻입니다. 그게 바로 민주주의라는 거예요. 그래서 민주주의는 쉽게 구현되기 어렵습니다. 현실이라기보다 이상에 가깝지요. 따라서 그런 이상을 계속해서 추구해나가는, 모든 권력이 국민으로부터 나오는 세상에 가장 근접해가려는 끊임없는 노력, 그게 민주주의라고 생각하고 있어요. 『민주주의는 색깔을 묻는다』[24]는 민주주의에 대한 이해를 넓히고자 쉽게 풀어쓴 책이고요. 대학과 일터의 학습 모임에서 우리가 꿈꾸는 사회를 깊이 학습하고 토론할 때 참고할 만한 책으로는 『무엇을 할 것인가』[25]를 권합니다.

24) 『민주주의는 색깔을 묻는다』(우리교육, 2010)

25) 『무엇을 할 것인가』 (시대의창, 2014)

지승호: 선생님께서는 우리한테 '별'이 필요하다는 말씀도 하셨는데, 어떤 의미입니까?

손석춘: 지향점이죠. 우리가 가야 할 곳입니다. 저는 새로운 당을 만드는 데 여전히 관심이 있어요. 그런 당을 만들 필요가 있습니다. '진보대통합 시민회의'가 출범할 때도 저는 인사말을 통해서 「나의 당에게」라는 네루다의 시를 낭독했어요. 정말 믿을 수 있는 나의 당, 저 당이 우리의 삶을 책임져갈 수 있을 거라는 믿음을 주는 그런 당이 있었으면 좋겠어요. 그러면 한국 사회를 살아가는 삶의 모습이 상당히 달라질 수 있을 것 같습니다.

저 당은 내 삶을 나아지게 만드는 당이다, 어떤 어려움이 있어도 저 당은 포기하지 않을 것이다, 이런 믿음을 주는 당을 만드는 게 제 꿈, 곧 저의 별입니다. 시간이 걸리겠지만 가능하다고 생각해요. 우리 국민에겐 그런 정당에 대한 갈증이 있으니까요. 2008년 촛불 집회 때도 그런 목마름 때문에 수많은 시민이 광장으로 나온 거 아닌가요.

지승호: 지금의 정당이나 정치 지도자들의 면면을 살펴보면, 훌륭한 분들이 있지만 여전히 조금씩 부족하다는 생각이 들어요.

손석춘: 잘 보이지 않습니다. 하지만 시대가 사람을 만들어내니까요. 눈에 보이지 않는다고 존재하지 않는 건 아니거든요. 어쩌면 우리가 익히 아는 누군가가 그 역할을 하게 될지도 모릅니다. 진보를 이루려면 상상력을 키워야 합니다. 현실의 한계에 얽매이지 말아야 해요.

혹시 상상해보셨나요? 병원비를 무료로 하는 법, 대학 등록금 없애는 법, 고졸자와 대졸자 사이의 임금격차를 없애는 법, 이런 법들이 대한민국 국회에서 만들어지는 날을 말입니다. 저녁 텔레비전 9시 뉴스에 그런 내용이 나온다면 얼마나 좋겠어요? (웃음)

지승호: 지금 우리가 서 있는 자리에서 매듭을 하나하나 풀어나가다 보면 그런 꿈 같은 일이 현실로 찾아올 수도 있겠지요. 이제 인터뷰를 마무리해야 할 때가 된 것 같습니다. 선생님은 혹시 '대자보' 시리즈를 통해 만나서 이야기 나누고 싶은 분들이 계신가요?

손석춘: 진보 진영의 여러 위치에 있는 사람들이 가진 생각을 듣고 싶어요. 그런 분들은 진보 언론에도 잘 나오지 않거든요. 현장에서 활동하고 계신 분들은 현실을 어떻게 보고 있는지 어떤 나라를 꿈꾸는지, 가깝게는 이석기 사태를 어떻게 보는지, 이런 이야기를 솔직하게 있는 그대로 나누고 싶어요.

강연을 다니다 보면 전국 곳곳에 아름다운 사람들이 참으로 많아요. 정말 어렵게 살아가며 운동하는 분들도 계세요. 시민운동 단체나 청년운동 단체 간사, 그 월급으로 아이 키우면서 살기가 쉽지 않은 일인데 그렇게 묵묵히 걸어가고 있는 사람들이 오늘날 같이 조각난 진보 정당들 앞에서 얼마나 마음이 상할지 생각해보면 참 안타까워요. 그런 분들의 이야기를 독자 여러분과 함께 나누고 싶어요.

지승호 : 말씀하신 것처럼 앞으로 많은 분의 목소리를 담아 우리 시대의 대자보가 될 수 있도록 함께 노력하겠습니다. 오랜 시간 인터뷰에 응해주셔서 감사합니다.

손석춘: 감사합니다.

첫 대자보를 세상에 띄우며

『이대로 가면 또 진다』이 책을 '대자보'로 기획하고 지승호 형과 만날 때 모질자고 '작심' 했다. 이명박, 박근혜에 이어 또 다른 기득권 정권이 들어서는 사태를 막으려면 말 그대로 제 살을 깎는 고통이 필요하다고 다짐했다.

물론, 나도 안다. 누이 좋고 매부도 좋듯, 민주당 또는 친노 세력과 적당히 친교하면 뭔가 한 '자리'쯤 꿰찰 수 있고 나름 그 자리에서 조금이라도 개선할 수도 있을 터다. 하지만 그럴 사람은 많다. 누군가는 듣기 싫은 소리를 건네야 옳지 않겠는가.

이 책의 녹취록을 교정볼 즈음에 서울 석촌동에서 세 모녀가 자살한 사건이 일어났다. 집주인에게 월세를 넣은 하얀 봉투가 유서처럼 남으며 뭇사람의 가슴을 적셔서일까. 정치인들이 너도나도 그 참극을 들먹였다. 이명박 정권의 국무총리로 '장수'했던 김황식은 '사람이 죽어가는 서울이 아닌 사람을 살리는 서울을 만들겠다'며 서울시장 경선에 뛰어들었다. 그 정도는 기실 '역겨운 애교'다.

대통령 박근혜는 국무회의에서 세 모녀를 지칭한 뒤 "이분들이 기초 수급자 신청을 했거나 관할 구청이나 주민센터에서 상황을 알았더라면 정부의 긴급 복지 지원 제도를 통해 여러 지원을 받았을 텐데 그러지 못해 정말 안타깝고 마음이 아프다"고 사뭇 진지하게 말했다.

정말이지 안타깝고 마음이 아프다. 아니 분노가 스멀스멀 올라온다. 몇몇 언론이 지적했지만, 세 모녀가 기초 수급자 신청을 했어도 덕지덕지 붙은 조건 때문에 아무것도 받지 못했을 거라는 진실을 대체 대통령은 알고 있을까?

대통령은 그 발언에 이어 "진정한 새 정치는 민생과 경제를 챙기는 일부터 시작해야 하는데 그러지 못한 우리 정치의 현실이 너무나 안타깝다"고 언죽번죽 주장했다. 그 와중에서도 정치적 공격을 멈추지 않은 셈이다. 과연 저 대통령에게 세 모녀의 자살과 같은 참극을 막을 능력 또는 의지, 아니 마음이 있을까. 회의적으로 답할 수밖에 없는 게 '정상'일 터다.

그렇다면 민주당은 어떤가. 10년의 세월을 넘어 참여정부 시절 일어난 비극이 세 모녀의 참상에 겹쳐진다. 수도권의 부평에서 가난과 빚에 절망한 30대 여성이 세 자녀를 고층 아파트에서 떨어트리고 투신자살했다. 아이들이 마지막 순간까지 살려달라고 애원했다는 주민 증언이 지금도 가슴을 때리며 메아리친다.

그 참극이 벌어진 뒤 지난 10년 넘도록 이 나라에는 저마다 국민을 섬긴다는 대통령이 들어섰다. 당시 집권 초기였던 노무현을 비롯해, '국민 성공 시대'를 약속한 이명박에 이어 '국민 행복 시대'를 공약한 박근혜가 대통령이 되었다.

하지만 아무것도 나아진 게 없다. 대통령들은 현실의 엄중함마저 정확하게 인식하지 못했다. 자살률과 비정규직 비율, 노동 시간 1위의 나라, 출산율은 꼴찌인 나라에서 살아가는 사람들의 삶이 얼마나 고통스러울지 주권자로서 우리가 직시해야 할 이유다.

원고를 최종 교정 볼 즈음에 민주당과 '안철수 신당'이 모여 '새정치민주연합'을 선언했다. 그 과정에서 소외 또는 배제된 친노 세력은 불편한 심기를 감추지 않았다. 충분히 이해할 수 있다. 새정치민주연합이 '노사모'가 지금까지 정치를 바꿔보려고 헌신적으로 실천해온 뜨거운 열정을 담아내지 못한다면, 한계가 있을 수밖에 없다. 더 큰 문제는 새정치민주연합의 지향점이다. 기존의 민주당보다 더 오른쪽으로 간다면, 과연 그 정당이 집권하더라도 세 모녀의 비극이 되풀이되는 현실을 바꿀 수 있을까? 늘 흔들려온 민주당 노선이 새정치민주연합으로 더 우왕좌왕할 가능성은 한낱 기우일까. 진보 세력은 어떤가. '이석기 구하기'에 매몰되어 있거나 모래알처럼 흩어져 있다.

이대로 가면 또 진다. 새로운 민주주의의 비전을 책임 있게 제시하고 경제 민주화와 평화 통일을 힘 있게 일궈갈 정치 세력을 형성해야 한다. 그것은 누군가를 맹목적으로 지지하거나 '사랑'하는 '실천'으로 이뤄질 수 없다.

살려달라고 매달리는 딸을 고층 아파트에서 떨어트리는 어머니가 더는 나오지 않으려면, 세 모녀의 자살과 어금버금한 참극이 더는 없으려면, 우리들의 정치의식을 한 계단 높여야 한다. 이명박과 박근혜에게 욕설을 날리고 텔레비전 드라마를 볼 게 아니라, 조용히 학습하고 내 옆에 있는 사람과 토론해야 옳다. 소통으로 힘을 모아가야 한다. 이 책 '대자보'를 세상에 띄우는 까닭이다.

이대로 가면 또 진다는 판단, 2017년 대선에서도 새누리당이 집권한다는 전망은 패배주의가 결코 아니다. 정반대다. 더는 패배할 수 없다는 결기다. 더는 죽어가는 사람들의 고통을 방관할 수 없다는 다부진 다짐이다. 그 결기와 다짐으로 꾹꾹 눌러 다시 쓴다. 이대로 가면 또 진다.

손석춘 드림

X | O